REFUTATION

DE LA

DOCTRINE DE HOBBES,

SUR

LE DROIT NATUREL

DE L'INDIVIDU,

PAR M. WALRAS,

Principal du Collège d'Ept..k, Membre de la Société libre de l'Eure.

EVREUX,

ANCELLE FILS, IMPRIMEUR-LIBRAIRE.

1835.

RÉFUTATION

DE LA

DOCTRINE DE HOBBES,

SUR

LE DROIT NATUREL

DE L'INDIVIDU,

PAR M. WALRAS,

Principal du Collège d'Evreux, Membre de la Société libre de l'Eure.

EVREUX,

ANCELLE FILS, IMPRIMEUR-LIBRAIRE.

1835.

RÉFUTATION

DE LA DOCTRINE DE HOBBES,

SUR

LE DROIT NATUREL

de l'Individu.

Après avoir établi d'une manière plus ou moins exacte,
et par des raisonnemens plus ou moins solides, le droit des
personnes sur les *choses*, c'est-à-dire le droit qu'ont les
hommes de se servir des biens de la nature, les philosophes
ont éprouvé quelqu'embarras à préciser et à déterminer
d'une manière rigoureuse quelle pouvait être, dans ce droit
général de l'espèce humaine, la part de chaque individu.
Les uns se sont contentés de dire vaguement que le droit de
se servir des choses de la terre, appartenait également à
chaque individu de l'espèce humaine. Les autres, dans l'intention louable de préciser le droit de chaque individu,
n'ont pas craint d'avancer que chacun de nous avait un droit
naturel absolu et illimité sur tous les biens de la nature.
Si la première de ces deux doctrines présente un vague et
une indécision qui ne sauraient nous satisfaire, la seconde,
de son côté, arrive à une précision non moins fâcheuse,
en ce qu'elle recèle une éclatante contradiction, et qu'elle
établit en principe une choquante absurdité.

« Comme la nature humaine est la même dans tous les
» hommes, dit Burlamaqui, comme ils ont tous les mêmes

» besoins, le droit naturel qu'ils ont de se servir des choses
» que la terre leur présente, à le considérer originairement
» et en lui-même, leur appartient à tous également. »

Certes, il n'y a, dans ces quelques lignes, ni contradiction ni erreur. La doctrine mise en avant par Burlamaqui
ne paraît sujette à aucune contestation. Aussi mon intention
n'est pas de l'attaquer. Et cependant, je ne saurais m'empêcher de le dire, la doctrine de Burlamaqui me paraît
exprimée d'une manière un peu trop vague. Pour être admise dans le domaine de la science, elle a besoin d'être
comprise. Telle que Burlamaqui nous la présente, elle manque de précision et de clarté, elle nécessite une explication.
Et, si cette explication est jugée nécessaire, il ne faut pas
s'effrayer de l'étendue qu'elle peut avoir. La longueur même
serait excusable, en pareil cas ; car la longueur est une
chose relative à nous et à notre faiblesse, et nous sommes
faits pour subir les conditions de la science, et non pour
lui imposer les nôtres. La philosophie est une lutte obstinée
contre l'obscurité. Quelle que soit l'opiniâtreté du combat,
quelles qu'en soient les difficultés, le philosophe se doit à
lui-même de l'affronter sans crainte, et de le soutenir
jusqu'à la fin : heureux lorsque sa constance est couronnée
par le succès, et que la victoire répond à sa noble patience,
à sa mâle résolution !

Sans doute la nature humaine est la même dans tous les
hommes. Nous avons tous les mêmes besoins ; et, ce qui
vaut encore mieux, nous avons tous la même liberté, la même personnalité, la même noblesse, et par conséquent la
même supériorité sur les choses. Nous avons tous également
le droit de les soumettre à notre empire, et d'en tirer les
avantages qu'elles sont susceptibles de nous offrir. Mais
s'ensuit-il de là, comme on l'a dit souvent, que tous les

hommes aient un droit naturel sur toutes choses, ou, en d'autres termes, que chaque individu de l'espèce humaine ait naturellement un droit absolu, illimité sur chaque objet de l'univers ? J'avoue que je suis bien éloigné de le croire. Il me semble, au contraire, que la raison nous dit, et assez clairement, que le droit individuel ne s'aurait s'étendre à tous les biens de la nature, et qu'il se borne évidemment et nécessairement, pour chaque individu, à une certaine portion de ces biens. C'est une vérité que Burlamaqui reconnaît lui-même, puisqu'en parlant de la validité du droit du premier occupant, il dit expressément : « bien entendu » qu'on ne doit pas s'emparer d'une si grande quantité de » biens qu'il n'en reste pas suffisamment pour les autres. »

Parmi les publicistes qui ont avancé que chaque individu de l'espèce humaine, avait originairement un droit absolu et illimité sur toutes choses, il est impossible de ne pas accorder une distinction particulière à Hobbes, non-seulement parce qu'il est un des premiers, parmi les modernes, qui ont introduit cette erreur dans la science, mais encore parce qu'il a procédé, dans ses recherches sur le droit naturel, avec un talent supérieur et un esprit indépendant, et qu'il a constamment affecté de ne rien enseigner qu'il ne se flattât de pouvoir démontrer par des argumens irrésistibles. C'est donc de lui que je m'occuperai spécialement ; c'est sa doctrine que je vais essayer de réfuter.

Natura dedit unicuique jus in omnia. Tel est le principe posé par Hobbes. Il le compare avec cet axiôme plus ancien : *natura dedit omnia omnibus*, et nous présente ces deux maximes comme étant parfaitement synonimes. Il est évident que Hobbes se trompe. Ces deux expressions n'offrent pas le même sens. L'une signifie que la nature a donné tout à tous, l'autre signifie que la nature a donné tout à chacun ; ce qui ne revient pas au même, comme on le voit. *Natura dedit omnia omnibus*; cela veut dire que tous les hommes ont droit à la munificence de la nature, qu'il n'y en a aucun parmi eux qui soit exclu de ses bienfaits. Cette maxime est générale, comme on le voit. Elle exprime le droit de tous les hommes sur toutes les choses; elle ne dit rien sur le droit individuel ; elle ne préjuge rien en faveur de chaque homme en particulier. Ce second but est au contraire celui du philosophe anglais; et il faut bien que l'axiôme ancien ne lui ait pas convenu de tout point, puisqu'il a jugé à propos de lui substituer une autre expression qui renferme un nouveau principe. *Natura dedit unicuique jus in omnia*. Cette nouvelle maxime est spéciale et particulière. Elle signifie que chaque individu a un droit naturel sur toutes choses, c'est-à-dire sur chaque chose, en sorte que chacun de nous peut, suivant Hobbes, s'attribuer un droit universel sur tous les biens de la nature. Par où l'on voit bien aisément que la maxime de Hobbes est plus précise que celle avec laquelle il la compare et à laquelle il veut l'assimiler.

Il suffit de distinguer ainsi ces deux maximes, pour se faire une juste idée de leur valeur. Il est évident que l'axiôme *natura dedit omnia omnibus* est l'expression d'une vérité incontestable. Cette maxime est générale, comme je l'ai dit. Elle n'indique pas, il est vrai, d'une manière explicite, le droit de chaque individu. Elle n'exige pas que le domaine des personnes sur les choses soit réparti entre tous les hommes, suivant les règles de l'égalité. Mais aussi elle ne s'oppose pas non plus à ce que le droit individuel soit évalué d'après cette règle. On peut admettre que la nature a donné tout à tous, et soutenir, en même-tems, que tous les hommes ne sont pas naturellement égaux les uns aux autres, ou que, malgré cette égalité naturelle, ils n'ont pas tous le même droit aux bienfaits de la nature. Rien n'empêche de diviser le genre humain en plusieurs classes ou catégories, dont tous les membres auraient entr'eux des droits égaux, mais dont les unes seraient subordonnées aux autres, en sorte qu'un membre de telle classe aurait naturellement un droit double, triple ou quadruple du droit attribué aux membres de telle autre classe. L'axiôme *natura dedit omnia omnibus*, ne s'oppose point à une pareille interprétation. Et si cette interprétation était jugée absurde et ridicule, la faute n'en serait pas non plus à l'axiôme qui, en sa qualité de maxime générale, se prête à plusieurs interprétations. Si cette maxime n'exclut pas l'inégalité naturelle des hommes, elle n'exclut pas non plus leur égalité. Elle se prête à une interprétation conforme à ce nouveau principe. Il est évident que cette maxime combinée avec le principe de l'égalité, et interprétée suivant les conséquences de ce principe, est d'une vérité palpable et d'une justesse incontestable. Elle signifie alors rigoureusement que tous les hommes ont également droit à la munificence de la nature, et que chacun d'eux a naturellement, dans le droit général de l'humanité, une portion égale à celle de chacun de ses semblables. Cette interprétation, je le répète, dérive du principe de l'égalité ; car si l'égalité était une chimère, la maxime *natura dedit omnia omnibus* devrait s'interpréter autrement. Encore une fois, cette maxime est générale et universelle. Elle ne préjuge rien en faveur de l'individu. C'est à un autre principe que l'individu doit s'adresser pour connaître son droit, ou du moins l'étendue de son droit. L'axiôme *natura dedit omnia omnibus* lui assure une part, sans l'évaluer, dans le droit général de son espèce. Une fois le principe de l'égalité admis, il faut reconnaître que les portions seront égales. Or, l'axiôme dont il est question ne repousse, en aucune manière, ni l'égalité naturelle des hommes, ni les conséquences de cette égalité. Interprétée de cette manière (et il serait bien difficile de l'interpréter autrement) la maxime invoquée par Hobbes est d'une vérité incontestable. Nous sommes forcés de la reconnaître comme vraie, et de l'admettre par conséquent comme une formule irréprochable du droit des hommes sur les choses.

En est-il de même de l'axiôme que Hobbes nous fournit? Mais qui ne voit aussitôt le contraire? Autant la première maxime est vraie et exacte, autant la seconde est fausse et ridicule. Cette seconde maxime est plus précise, il est vrai; elle a pour but de fixer le droit naturel de chaque homme en particulier; et, sous ce point de vue, il faut rendre justice à l'intention du philosophe anglais. Il a voulu remédier au vague et à l'indécision qui caractérisent l'axiôme ancien; il a senti le besoin d'exprimer rigoureusement l'étendue du droit individuel. Il faut reconnaître de plus que Hobbes ne s'est point mis en opposition avec l'égalité naturelle des hommes entr'eux. Il a eu égard à ce principe, et la maxime qu'il établit renferme un hommage rendu à cette vérité; car si chaque individu a droit à toutes choses, ce droit universel appartient également à chaque individu. Mais nonobstant toutes ces précautions, et quelque mérite qu'elles supposent d'ailleurs, il n'en est pas moins vrai que Hobbes a avancé une absurdité palpable, et que son axiôme est absurde en ce qu'il exprime une chose évidemment impossible. Dire que chacun de nous a un droit naturel universel sur toutes choses, un droit absolu et illimité sur chaque objet de l'univers, c'est tomber dans la plus grossière contradiction. Il suffit de la plus légère réflexion pour s'en convaincre. Expliquons-nous par un exemple. Dire que six personnes ont toutes droit à une somme de trente mille francs, en supposant d'ailleurs que ces six personnes sont égales entr'elles, que le droit des unes n'exclut pas le droit des autres , qu'elles ont , en un mot, autant de droit l'une que l'autre : qu'est-ce dire autre chose , si non que chacune d'elles à droit à un sixième de la somme, ou bien à cinq mille francs ? Si chaque personne avait droit à trente mille francs , la somme de leurs droits serait égale à cent quatre-vingt mille francs , et ne pourrait être satisfaite qu'avec cent quatre-vingt mille francs. Mais si les six personnes réunies ont droit à trente mille francs , s'il n'y a que trente mille francs pour répondre au droit collectif des six personnes, et si chacune d'elles à un droit égal à celui des autres, il est par trop évident que, pour évaluer le droit de chacune d'elles , il faut diviser la somme par le nombre des personnes. Si donc tous les hommes ont un droit naturel sur tous les biens de l'univers , si tous les hommes sont égaux entr'eux, et, attendu d'ailleurs qu'il n'y a pas un univers pour chaque individu, qu'il n'y en a qu'un seul pour tous, il est également certain que le droit individuel est égal à la somme des biens divisée par le nombre des ayans-droit. Il serait ridicule d'insister sur un pareil raisonnement. Il est du domaine de l'arithmétique , et ce n'est pas l'arithmétique qui est l'asile du sophisme.

On voit, par ce qui précède, qu'il suffit du plus simple calcul pour faire justice du principe de Hobbes. Nous pourrions donc nous en tenir à cette réfutation qui en vaut bien une autre ; mais ce serait une victoire bien incomplète que celle qui se bornerait à la défaite du parti ennemi, et à laquelle ne survivrait point l'ambition de couronner un facile triomphe par les conquêtes les plus utiles. C'est en poursuivant la doctrine de Hobbes aussi loin qu'elle peut s'étendre, que nous recueillerons des vérités précieuses, et que nous parviendrons peut-être à poser d'une main plus sûre que la sienne, les fondemens long-tems mal assurés, aujourd'hui même si mob'les du droit naturel et de la politique.

Natura dedit unicuique jus in omnia. Hobbes arrive à cette conclusion par un raisonnement que je vais transcrire littéralement, tel que l'auteur lui-même a pris la peine de le résumer :

Unicuique jus est se conservandi.

Eidem ergò jus est omnibus uti mediis ad eum finem necessariis.

Media autem necessaria sunt quæ ipse talia esse judicabit.

Eidem ergò jus est omnia facere et possidere quæ ipse ad sui conservationem necessaria esse judicabit.

Ipsius ergò facientis judicio id quod fit, jure fit, vel injuria, itaque jure fit.

Verùm ergò est in statû merè naturali, etc.

Pour que ce raisonnement fût exact, il manque une chose essentielle, et, je me trompe fort, ou mes lecteurs s'en sont déjà aperçus. Sans doute chacun de nous a le droit de se conserver; je dirai plus, il en a le devoir. Il a par conséquent le droit et le devoir d'employer tous les moyens nécessaires à cette fin. Je conviens, en outre, que dans l'état de nature, (si tant est qu'il y ait un état de nature pareil à celui que Hobbes a imaginé), chacun est juge compétent de ces moyens; que ce qu'il fait dans l'intérêt de sa conservation, il le fait à bon droit, pour peu qu'il le juge propre à sa conservation. Mais maintenant il faut prouver de deux choses l'une : ou qu'un individu ne peut se conserver sans s'approprier tous les biens de la nature, ou que du moins chacun de nous est naturellement porté à le juger ainsi. On voit bien aisément que l'une de ces deux propositions est indispensable pour légitimer la conclusion de Hobbes, et que son raisonnement, pour être complet, devait être ainsi conçu :

Chaque individu a le droit de se conserver.

Il a le droit d'employer tous les moyens nécessaires à cette fin.

Les moyens nécessaires à cette fin sont ceux qu'il juge tels.

Or, personne ne peut se conserver sans s'approprier tous les biens de la nature.

Ou du moins, dans l'état de nature, chaque individu est porté à le juger ainsi.

Donc, etc.

En complétant ainsi le raisonnement de Hobbes, on en aperçoit sur-le-champ toute la faiblesse. Sa fausseté réside essentiellement dans l'une des deux propositions que Hobbes a omises, je ne dirai pas à dessein, mais au moins avec un tort évident de sa part.

Et d'abord qu'un homme ait besoin de tous les biens du monde, pour se conserver, c'est ce qui est évidemment faux. L'homme a besoin de peu ici-bas, et il n'en a pas besoin long-tems. Tous les biens de la nature sont infiniment au-dessus de ce que peut en consommer un individu. Cette vérité n'a pas besoin de démonstration ; mais une chose à laquelle on ne s'attendrait guères, c'est qu'elle est avouée par Hobbes lui-même. La contradiction ne saurait être plus saillante. Après avoir établi, comme nous venons de le voir, que chaque individu a droit sur toutes choses, il ajoute bénévolement : *ex quo etiam intelligitur in statâ naturæ mensuram juris esse utilitatem.* Quoi ! l'utilité est la mesure du droit, et le droit serait illimité ! Qu'entendez-vous par cette utilité ? Quant à moi, je n'en connais qu'une ; c'est celle qui se mesure sur le besoin. Or, si le besoin est la mesure de l'utilité, et que l'utilité soit la mesure du droit, il est évident que le droit individuel ne saurait, à tout prendre, être plus étendu que le besoin de chaque individu. Or maintenant, je le répète, où est l'individu qui a besoin, pour se nourrir, de tous les fruits de l'univers, qui a besoin, pour se vêtir, de la toison de tous les animaux ? Quel est celui d'entre nous qui ne saurait se passer de tous les biens de la terre qui ont existé avant lui, de tous les fruits qui viendront à éclore mille ans après sa mort ?

En second lieu, il n'est pas moins faux que dans l'état de nature, ou dans tout autre état, un homme puisse se tromper au point de juger et de croire que tous les biens de la nature lui sont nécessaires pour sa conservation. Si jamais une pareille idée pouvait s'offrir à son esprit, il en serait bientôt désabusé par la plus simple expérience. En essayant seulement de manger un bœuf, il se convaincrait aisément qu'il ne lui en faut pas trente pour faire un bon repas. Comment pourrait-il d'ailleurs s'empêcher de comprendre qu'il n'a que faire de ceux qui sont situés à deux cents lieues de lui, encore moins de tous ceux qui ont existé avant sa naissance, ou qui existeront après sa mort, et qu'il peut, sans nuire à sa conservation, en abandonner la jouissance à d'autres hommes ?

Hobbes serait-il fondé à nous dire que l'état de nature étant un état de guerre, et que le succès de la guerre exigeant comme une condition essentielle l'affaiblissement de l'ennemi et l'emploi de tous les moyens qui peuvent lui nuire, il s'ensuit qu'un homme placé dans l'état de nature est intéressé à détruire tout ce qui peut contribuer à la conservation de ses semblables, et que par conséquent il en a le droit ? Je remarquerai, en premier lieu, qu'en faisant découler le droit individuel de cette source, on lui donne une autre origine que celle qu'on lui avait assignée tout à l'heure, et que, dans cette hypothèse, la destruction des biens de la terre n'est plus, pour chaque individu, qu'une manière indirecte de pourvoir à sa conservation. En second lieu, si nous fondons le droit illimité de chaque individu sur l'état de guerre, après avoir fondé l'état de guerre sur le droit illimité de chaque individu, il est évident que nous tomberons dans le cercle vicieux.

L'objet spécial de la philosophie est de combattre l'erreur, et d'établir la vérité sur ses ruines. A côté de ce premier travail, il en est un moins important sans doute, mais qui a aussi son intérêt, et qui consiste à faire voir comment s'engendrent la vérité et les opinions qui la méconnaissent.

Ce qui a induit Hobbes en erreur, ce qui a motivé probablement l'assentiment de ceux qui ont adopté sa doctrine, c'est, si je ne me trompe, qu'ils ont malheureusement confondu l'indétermination du droit naturel de l'individu avec ce que j'appelerai son *illimitation*. Voyant que, dans la théorie, il n'y a pas de propriété fixe et déterminée, et qu'on ne peut pas dire *à priori* que telle chose appartient à un tel, et telle autre chose à un tel, ils ont pensé que primitivement chaque chose appartenait à chacun, c'est-à-dire qu'ils ont transformé un droit vague et peu précis en un droit universel, un droit indéterminé en un droit illimité. Mais il y a bien loin de l'un à l'autre. Parce qu'on ne sait pas de prime-abord sur quel objet particulier chaque individu exercera son droit, il ne faut pas croire que le droit individuel s'étende absolument sur tous les objets de l'univers. La conséquence est évidemment outrée. De ce que tous les hommes ont un droit naturel sur tous les biens de la nature, il s'ensuit rigoureusement qu'aucun d'eux ne saurait avoir droit à tous ces biens. Le droit de chacun est limité par celui de tous les autres. Une masse de biens quelconques ne peut être l'objet d'un droit absolu et illimité qui appartiendrait à plusieurs individus et à chacun d'eux intégralement. J'ai déjà cité un exemple de cette vérité, en voici un autre. Un père de famille vient à mourir, et laisse plusieurs enfans, dans un pays où le droit positif admet l'égalité dans les partages. Eh bien ! Tous les enfans ont également droit à la succession de leur père. Cela veut-il dire que chacun d'eux ait droit à tout ? Qui ne voit que cette manière de raisonner est vicieuse ? C'est pourtant celle de Hobbes, où je me trompe fort. Les biens de la terre ne sont pas échus aux hommes par droit de succession, cela est vrai ; mais ils leur appartiennent par droit de supériorité morale, ou, pour mieux dire, ils leur ont été donnés par leur père commun. Cela revient au même. D'où il suit que chacun d'eux ne saurait avoir droit à tout, mais seulement à une certaine partie.

S'il n'y avait qu'un homme sur la terre, à la bonne heure, il aurait droit à tout. Tout lui appartiendrait. Il serait le maître absolu de toutes choses, parce qu'il représenterait à lui tout seul la dignité de la nature morale ou personnelle, et la supériorité absolue de la force volontaire et libre sur les forces aveugles et nécessaires. Son droit serait illimité dans son essence. Il ne pourrait avoir de bornes que dans son application. Ces bornes seraient fixées par la durée de son existence et par l'intensité de ses moyens. Quant à son droit, il serait universel et absolu sans aucun doute. Heur ou malheur, il n'en est pas ainsi. L'humanité n'est pas réduite à un seul individu, ni même à une seule génération. Elle se compose d'un grand nombre de personnes qui vivent ensemble, qui subsistent concurremment, et se succèdent perpétuellement sur la surface de la terre. Or, entre toutes ces personnes, il y a égalité de nature ; par consé-

quent égalité de droit. En sorte que je ne crains pas d'a-
vancer que le droit d'un individu , pris au milieu de cette
multitude , relativement aux choses de ce monde , loin d'être
absolu et illimité, comme Hobbes l'a cru , est extrêmement
restreint au contraire, puisqu'il est restreint non-seulement
par celui de tous ses semblables qui vivent simultanément avec
lui, mais encore par celui de tous les hommes qui l'ont précédé
et qui le suivront sur la terre. Ainsi je le répète, et je le répète
hardiment : tout individu de l'espèce humaine a un droit incontestable sur les choses de ce monde ; mais il n'a droit qu'à une
certaine partie : tous ses semblables ont le même droit que lui ;
et par tous ses semblables j'entends l'universalité du genre
humain , abstraction faite des tems et des lieux qui en séparent
les diverses générations et les différens peuples.

Je conviens, il est vrai , que le droit individuel , considéré dans son origine , antérieurement à toute application ,
a quelque chose de vague et d'indéterminé. Mais une chose
qu'on n'a pas assez remarquée , et qui n'est pourtant pas
indigne de remarque, c'est que par la plus sage économie
dans notre position ici-bas , ce droit naturellement indéterminé , se détermine nécessairement par l'usage même qu'on
en fait , et par les circonstances qui président à son application. Ce n'est pas ici le lieu de montrer comment s'opère
cette détermination. Il suffit de dire que la question se présente naturellement lorsqu'on s'occupe de la propriété , de
sa nature et de son origine. Ce que nous considérons
ici , c'est la théorie du domaine personnel , dans ce
qu'elle a de plus élevé et de plus abstrait. Nous étudions
le droit des hommes sur les choses en général , et nous cher-
chons à déterminer le rapport qui lie les hommes entr'eux
dans la possession de ce droit. Pour procéder d'une manière
régulière et méthodique , dans une théorie de la propriété ,

il faut envisager d'abord le domaine des personnes sur les choses dans sa nature et dans son origine. Le moment vient ensuite de le considérer dans son application ou dans son exercice. Or il doit nous paraître impossible de passer à cette dernière question, avant d'avoir épuisé les observations auxquelles la première peut donner lieu. Nous sommes loin d'en avoir fini avec la théorie de Hobbes sur le droit naturel de l'individu, et quelque envie que nous pussions avoir d'en abréger la critique, nous devrions être plus fortement dominés par le besoin de réfuter complètement des opinions qui conservent encore des partisans, et qui compromettent également l'honneur de la philosophie et les intérêts les plus précieux de l'humanité.

J'en ai dit assez jusqu'à présent pour faire entendre qu'en se livrant à ses recherches philosophiques sur le droit naturel et sur l'origine de la propriété, Hobbes fait abstraction de la Société civile. Lorsqu'il accorde à chaque individu de l'espèce humaine un droit illimité sur toutes choses, il suppose, il est vrai, que l'homme investi de ce droit, est encore placé dans *l'état de nature*, état qui, suivant Hobbes, n'a rien de commun avec la Société ; en sorte que pour le combattre loyalement, il faut lui tenir compte de cette hypothèse, et que les réflexions critiques auxquelles sa doctrine a donné lieu, pourraient paraître incomplètes et manquer de solidité, tant qu'on n'aura pas apprécié le caractère et l'influence de cet état. Voyons donc ce que c'est que l'état de nature ; tâchons de découvrir jusqu'à quel point il peut modifier la théorie du rapport qui lie les hommes entr'eux, dans la possession du domaine personnel.

« Cette idée, dit M. Heeren, d'un état de nature d'où » les hommes doivent avoir passé à un état de droit en

» société , fut prise pour fondement par tous les théoristes ;
» depuis Hobbes jusqu'à Rousseau ; et par l'arbitraire qu'on
» y a mêlé , elle n'a pas peu contribué à embrouiller la
» théorie. »

« Cette idée , dit le même auteur , n'est qu'une idée
» négative , en ce qu'elle exclut celle de l'existence d'une
» société civile ; mais ce n'est point une idée positive , en
» ce que , comme telle , elle devrait désiguer un état dé-
» terminé. Mais sans avoir égard à cela , continue M. de
» Heeren , chaque théoriste a regardé son état de nature
» comme quelque chose de positif dont il a fait le tableau à
» son gré. Faut-il s'étonner que ces tableaux se ressemblent
» si peu ? »

Puisqu'il est reconnu aujourd'hui que l'état de nature
n'est qu'un état hypothétique , et que cette hypothèse elle-
même est une pure négation , il s'ensuit qu'on ne peut ar-
river à l'état de nature qu'en faisant abstraction de la société
civile ou de quelques circontances nécessaires de cette société. Essayons de passer en revue tout ce qu'on peut retrancher de la Société civile , pour obtenir ce que les théoristes ont appelé l'état de nature , et voyons quelles seront
les conséquences de ces retranchemens par rapport à la
question qui nous occupe.

Dira-t-on que par *état de nature* on entend l'absence
de toute loi écrite ? Je conçois que l'homme puisse exister
dans cet état. Les mœurs et les coutumes tiendront lieu de
Codes. Les jugemens des magistrats n'auront d'autre fondement que l'équité naturelle et les préceptes de la raison.
Mais alors , je le demande , quel besoin y a - t - il de faire
de cet état un état absolument opposé à la Société civile ?
Qui ne voit que la différence entre ces deux états repose sur
un fait accidentel et secondaire ? Qu'importe que la loi soit

écrite ou non, pourvu qu'elle existe, pourvu qu'elle soit reconnue? Il n'y a pas là de quoi faire de l'état de nature et de l'état de société deux états essentiellement distincts, sous le rapport de la moralité. Il n'y a rien dans cette circonstance qui puisse altérer le rapport des hommes entr'eux, ou des personnes avec les personnes. Leurs droits et leurs devoirs, pour n'être point stipulés ni gravés sur la pierre, n'en seront ni moins réels, ni moins inviolables.

Dira-t-on que l'état de nature est l'absence de tout Gouvernement, de toute organisation de la force publique pour le maintien de la paix extérieure et intérieure? Je conçois encore que l'homme peut se trouver momentanément dans un pareil état; mais ce que je ne saurais ni concevoir ni admettre, c'est qu'un pareil état soit diamétralement opposé à celui dans lequel se trouve aujourd'hui le genre humain, tant qu'on voudra ne considérer dans ces deux états que la moralité qui peut s'y rencontrer, c'est-à-dire les droits et les devoirs des hommes les uns à l'égard des autres. Abstraction faite du Gouvernement, la loi naturelle manquera de garantie, il est vrai, mais elle existera toujours. Ses infractions pouvant demeurer souvent impunies, en seront certainement plus nombreuses. Il y aura moins de sûreté pour les personnes et pour les biens. Mais enfin la force des individus pourra suppléer à la force publique, et, en supposant qu'elle ne le pût point, ce nouveau malheur ne toucherait en rien à la nature du droit; à moins qu'on ne veuille dire que la violence et l'impunité entraînent la ruine et la nullité du droit qu'elles attaquent et qu'elles compromettent.

Veut-on opposer l'état de nature à l'état de société considéré comme la réunion de plusieurs hommes en corps de famille, de tribu ou de nation? Alors je dirai que cet état est une pure chimère, et que l'hypothèse qu'il représente ne peut pas se réaliser. La société est naturelle à l'homme. Notre état naturel c'est la société. L'homme ne peut vivre dans l'isolement, ou du moins il ne peut se multiplier ou se reproduire , sans que cet état cesse momentanément. Or, entre le mari et la femme, entre le père et le fils , il y a société , parce qu'il y a réunion de deux êtres libres et égaux , ayant par conséquent des droits et des devoirs l'un envers l'autre. Sans doute, les droits et les devoirs se compliquent et se modifient dans la société , dans la cité comme dans la famille. Aux droits de l'homme indépendant et isolé , s'ajoutent l'autorité conjugale et l'autorité paternelle ; à ses devoirs primitifs se joignent l'obéissance et le respect filial. Mais tous ces accidens et mille autres pareils ne changent rien au droit de l'individu , à la dignité de l'être moral et personnel : ils ne font que les modifier, suivant les circonstances.

Mais maintenant je vais plus loin : quand même l'homme pourrait vivre dans l'isolement ; quand même il pourrait se perpétuer sans le concours des sexes , ou que la vie de chaque individu serait perpétuelle , il n'en serait pas moins vrai que l'homme, considéré individuellement , n'est pas seul sur la terre. La société est un fait, et un fait incontestable. Nul d'entre nous n'est seul au monde. Nous avons été placés sur la terre plusieurs et en grand nombre ; par où l'on voit que, malgré nous, nous vivons en société. « Il est bien évident, dit Burlamaqui, que, par la nature, » tous les hommes sont, les uns à l'égard des autres, dans » un état de société, puisque Dieu lui-même les a tous » placés sur la même terre. » Et si l'on craint d'employer le mot *société*, je dirai au moins que les hommes existent simultanément et en grand nombre ; rapprochés ou éloignés, peu importe, qu'ils le sachent ou qu'ils l'ignorent, ils sont plusieurs. Cette pluralité suffit pour limiter le droit de chacun d'eux. De la seule existence simultanée de plusieurs personnes, et de l'égalité naturelle et originaire de toutes ces personnes, je me crois en droit de conclure qu'aucune d'elles ne saurait avoir un droit illimité sur tous les biens du monde. En supposant qu'un homme entièrement isolé de ses semblables s'attribuât le domaine absolu de toute la nature, il se tromperait : sa croyance serait une erreur : son droit n'en serait réellement ni plus ni moins restreint. Dès qu'il viendrait à reconnaître qu'il n'est pas seul au monde, qu'il existe autour de lui des hommes qui lui sont semblables, la raison lui dirait que ces hommes étant ses égaux ont tous le même droit que lui, qu'il ne peut exercer son droit que concurremment avec eux, et que son domaine individuel, quelque juste et quelque incontestable qu'il soit, n'en est pas moins limité par celui de tous les autres.

Ainsi donc abstraction faite de toute société, de la cité comme de la famille, abstraction faite des Gouvernemens et de toutes les garanties sociales, et en admettant même l'isolement des hommes le plus absolu, le droit de chaque individu sur les biens de ce monde n'en serait pas moins limité par celui de tous les autres.

Enfin veut-on opposer l'état de nature à l'état de droit et de devoir? Dira-t-on que l'état de nature est l'absence de toute loi, de toute obligat'on, par conséquent de toute moralité? C'est bien ainsi, je crois, que plusieurs philosophes l'ont entendu, et c'est ainsi que Hobbes se le représente. *Leges naturales*, dit-il, *quales in statû naturæ nullæ sunt*. Ici je répondrai que l'état de nature, ainsi considéré, est une pure chimère, une hypothèse fausse et contradictoire, et que la doctrine qui repose sur une pareille base n'est pas moins incompréhensible qu'elle est désastreuse et subversive de toute organisation sociale.

« On ne saurait trop répéter, dit M. Lanjuinais, que les
» droits ou la justice existent avant les lois humaines, et
» que les lois ne sont faites que pour mieux conserver les
» droits, maintenir plus sûrement toutes les propriétés. Les
» écrivains qui disent le contraire se trompent, servent le
» despotisme ; s'il y a des ministres faisant des phrases pour
» accréditer la même erreur, c'est qu'ils ne veulent point
» de frein à leur domination arbitraire, point de barrière
» exclusive de leurs contre-lois. »

En disant que les droits ou la justice existent avant les lois
humaines, M. Lanjuinais entend sans doute, par ces derniers
mots, les dispositions écrites ou non écrites, les descriptions
de droits et de devoirs que les jurisconsultes sont convenus
d'appeler *lois positives ;* car, pour ce qui concerne les *lois
naturelles*, il est certain qu'elles existent avant les droits qui
en dérivent, ou que du moins l'idée de la loi est, logiquement parlant, antérieure à celle du droit et de la justice.
Mais pour comprendre comment la loi est antérieure au droit
qui en dérive, et comment il est vrai de dire que l'homme
est naturellement et nécessairement soumis à une loi, il faut
savoir ce que c'est qu'une *loi.* L'analyse de cette idée a été
l'écueil de bien des publicistes, et c'est sans doute à une
ignorance trop long-tems et trop généralement répandue sur
une matière aussi grave, qu'il faut attribuer les nombreux
systèmes qui encombrent d'une manière si peu honorable
l'histoire de la philosophie politique, et notamment la mons-
trueuse erreur de Hobbes et de tous ceux qui ont cru avec
lui que l'état de nature était l'absence de toute moralité, et
que l'homme, dans cet état, n'était et ne pouvait être soumis
à aucune obligation envers ses semblables.

La *loi,* dans l'acception la plus générale que l'on puisse

donner à ce mot, n'est autre chose qu'une limite. A ce titre, il n'y a rien dans l'univers à quoi cette notion ne soit applicable. Tout ce qui est, est limité. La limitation est la cause de tous les rapports, la condition de toutes les existences. L'existence elle-même n'est que l'effet d'une limitation. Pour faire comprendre ce que j'avance, j'ai besoin de me livrer à quelques considérations un peu abstraites. Je ferai tous mes efforts pour concilier la clarté avec l'exactitude.

Et d'abord, je suppose que ceux à qui je m'adresse croient à l'existence de quelque chose, et non-seulement à l'existence de certains êtres finis et contingens, ou de certains phénomènes relatifs et accidentels, comme sont ceux qui tombent immédiatement sous nos yeux, mais encore à celle d'un être infini et nécessaire qui contient en soi le principe et la cause de tout ce que nous voyons ici-bas. Ce n'est pas avec le pyrrhonisme que je veux me débattre en ce moment. Ce que j'ai à dire tomberait de lui-même, en présence d'un doute universel, et à plus forte raison devant la négation de toute existence. Ainsi je pose en fait que quelque chose existe, et qu'il y a quelque chose qui ne peut pas ne pas exister. Fort de ce principe, je ne craindrai pas de me placer au centre de la métaphysique, et je pourrai sans doute me mouvoir d'autant plus librement dans cette sphère, que j'ai commencé par me soumettre au joug de la raison et de la vérité.

Quelque persuadé que l'on soit de l'existence de quelque chose, en général, et même de quelque chose d'absolu, ou d'un être nécessaire qui contienne le principe et la raison de tous les autres êtres, il n'est pas impossible, je crois, de séparer l'idée de l'être, considérée en elle-même, du jugement qui en affirme l'existence et de celui qui pourrait la nier. L'idée de l'*être*, envisagée dans toute sa pureté, et considérée dans sa plus haute abstraction , se conçoit , si je ne me trompe , indépendamment de l'existence , c'est-à-dire que l'idée de l'être peut s'offrir à l'esprit , abstraction faite de l'affirmation et de la négation qui s'y rattachent. Ce phénomène intellectuel se trahit dans le langage. Au défaut de la réflexion , la grammaire suffirait pour nous le révéler. Le substantif, pas plus que l'infinitif ou le nom verbal, ne contient en lui-même l'affirmation ou la négation de l'existence de l'objet qu'il désigne. Quand je dis : *homme, chanter,* je ne dis pas qu'il y ait un *homme* ni qu'il y ait du *chant* quelque part ; je ne dis pas non plus le contraire. Ces mots : *encre dans mon encrier,* vont également bien dans ces deux phrases ou dans ces deux propositions : il y a de l'encre dans mon encrier; il n'y a pas d'encre dans mon encrier. Le substantif ou l'infinitif *être* peut également signifier l'être ou le non être. L'affirmation et la négation ne sont pas virtuellement contenues dans le mot *être,* pas plus que dans l'idée que nous nous en faisons, ou que nous pouvons nous en faire. L'affirmation et la négation résultent uniquement d'un acte postérieur de l'esprit et d'un second terme ajouté par le langage. Il est vrai cependant que comme on parle généralement et le plus souvent pour exprimer quelque chose de réel , les formes simples des verbes et des substantifs suffisent ordinairement pour indiquer l'affirmation , tandis que pour marquer la négation , il faut ajouter une particule telle que *non, ne* ou *ne pas.* En d'autres termes, l'affirmation est le plus souvent implicite, dans le discours comme dans la pensée. La négation ne saurait l'être sans jeter le vague et l'indécision dans toutes nos idées et dans nos expressions ; et c'est une remarque qui pourra plaire aux grammairiens que les particules négatives sont plus nombreuses, et s'emploient plus souvent que les particules affirmatives, précisément parce qu'on a moins besoin de nier que d'affirmer. Ces dernières observations ne nuisent en rien à la justesse de la première, et je me crois fondé à dire qu'autre chose est la pure idée de l'être, autre chose est le jugement qui en prononce l'existence. Sans doute il y a de l'être, et il ne peut pas ne pas y en avoir. Sans doute quelque chose existe, et il y a quelque chose qui ne peut pas ne pas exister. Mais encore une fois, l'être se conçoit comme une pure idée, comme une notion simple et abstraite, indépendamment de l'existence et de la non-existence, abstraction faite de l'affirmation et de la négation qui s'y rattachent.

L'idée de l'être une fois admise avec l'affirmation qui peut s'y rattacher, et qui s'y rattache nécessairement, lorsqu'il est question de l'être absolu, nous sommes forcés d'en admettre une autre qui s'y rattache d'une manière tout aussi nécessaire : c'est l'idée d'une *manière d'être*. Une fois convaincus qu'il existe quelque chose ou que quelque chose peut exister, nous sommes forcés de reconnaître que ce quelque chose existe ou qu'il doit exister d'une certaine manière. Ainsi c'est une vérité palpable qu'il ne saurait y avoir d'être sans manière d'être. Par cela seul qu'un être existe, il existe d'une certaine manière. Il est impossible d'exister et de ne pas exister de façon ou d'autre. L'idée de l'être appelle nécessairement l'idée de la manière d'être.

Si de ce point de vue spéculatif, nous descendons à la pratique, il nous sera facile de voir que l'expérience confirme cette théorie. Ainsi pour ne considérer toujours que l'existence même, dans son point de vue le plus élevé et le plus abstrait, n'est-il pas vrai qu'elle ne saurait s'accomplir autrement que dans le tems et dans l'espace ? N'est-il pas vrai que tout ce qui existe, est nécessairement étendu et durable ? Indiquez-moi, si vous le pouvez, un être qui ne soit pas soumis à ces deux conditions, un être également placé hors du tems et de l'espace. C'est en vain que vous le chercheriez; il n'y en a point. L'expérience confirme donc pleinement ce que la raison nous indique, et nous voyons la preuve à posteriori de ce que nous avons établi à priori.

L'être nécessaire, l'être véritablement existant, dans son rapport avec le tems et avec l'espace, prend le nom de substance. Ici se manifeste une nouvelle idée qui est celle de *l'unité*. La substance est essentiellement une. Il n'y a qu'une substance ou il n'y en a point.

La substance unique ou la substance absolue s'appelle la cause première, et jusqu'ici nous n'avons fait que varier nos expressions et multiplier nos idées, sans rien changer à la nature des choses. *Etre nécessaire, existence absolue, substance unique, cause première*, sont des expresions synonimes. Les différences qu'elles peuvent offrir, et qu'elles offrent réellement, sont toutes relatives à l'intelligence humaine qui perçoit différens rapports, et qui les exprime par des noms différens. Mais au fond, l'être nécessaire ne se distingue pas de l'être existant. La substance unique et la cause première sont identiques dans l'essence; l'une et l'autre sont identiques à l'être nécessaire ou à l'existence absolue. Ce qui existe nécessairement c'est la substance unique; ce qui est la substance unique est en même-tems la cause première. La substance causatrice, la causalité substantielle, voilà la vraie existence, la véritable nécessité. Là est la vérité avec son identité absolue, avec son unité essentielle.

Mais l'être vrai est aussi l'être réel. La véritable substance n'est rien moins qu'une abstraction. L'abstraction est un rapport entre l'intelligence qui perçoit la vérité, et la vérité qui se réfléchit dans l'intelligence. Mais la vérité existe indépendamment de l'intelligence et de la perception que nous en avons ; et non-seulement il y a de la vérité, il y a aussi de la réalité. L'être se manifeste par des phénomènes, et la substance par des qualités. La cause première se produit et se révèle dans ses effets. Le fini se rattache à l'infini, le concret à l'abstrait. L'idée de l'absolu implique celle du relatif, l'idée du nécessaire emporte avec elle celle du contingent. L'unité ne peut pas se concevoir sans la pluralité, ni la pluralité sans l'unité.

Or, si l'unité est le caractère de la vérité, la pluralité est celui de la réalité. Et pourquoi la réalité est-elle essentiellement multiple et variable ? Parce qu'elle a pour conditions indispensables de son développement l'étendue et la durée, choses éminemment divisibles et fractionnaires. Le tems est la condition de la durée, l'espace est la condition de l'étendue. C'est à ce titre que le tems et l'espace sont les principes de toute division. Or l'existence, nous l'avons dit, ne peut s'accomplir que dans le tems et dans l'espace. Tout être *réel* est nécessairement *étendu* et *durable*. C'est en se répandant dans le tems et dans l'espace que l'être nécessaire remplit les conditions de son existence. La substance absolue devient étendue et durable. Elle revêt deux formes générales qui sont la *force* et la *matière*. L'être qui dure, c'est la force ; l'être étendu, c'est la matière.

Mais ce que nous voyons ici-bas ne se réduit pas à la force et à la matière. Nous voyons encore des *corps* et des *phénomènes* qui nous présentent mille variétés et mille différences. Il y a des corps *organisés* et des corps *non organisés*. Il y a des *minéraux*, des *végétaux* et des *animaux*. Les phénomènes dont nous sommes témoins, ne se bornent pas à de simples *locomotions*. Il y a des êtres *vivans* et des êtres *intelligens*, des phénomènes *physiques* et des phénomènes *moraux*. A côté des forces *aveugles* se développent des forces *libres*. Ces êtres et ces phénomènes se distinguent les uns des autres par des propriétés particulières, par des qualités spéciales et des facultés individuelles dont l'ensemble constitue l'univers.

Quel rapport tout ceci peut-il avoir avec l'idée que nous devons nous faire de la loi, et la définition que j'en ai donnée? le voici. L'affirmation est la loi de l'être en soi, en d'autres termes, elle en est la limitation. La loi de l'être nécessaire c'est d'être ou d'exister. Nécessairement il y a de l'être, et par cela seul que l'absolu existe, il est soumis à une loi, il est limité dans son essence. Supposez en effet qu'il pût y avoir ou ne pas y avoir de l'être indifféremment, que l'être en soi ou l'être nécessaire pût exister ou ne pas exister *ad libitum*, n'est-il pas vrai qu'il y aurait au premier coup-d'œil plus de latitude dans son essence, qu'il y aurait, pour ainsi dire, plus de facilité dans sa condition? Si l'affirmation et la négation lui convenaient également, ne serait-il pas plus à l'aise? Or, il n'en est pas ainsi. L'être nécessaire ne peut pas s'affirmer et se nier tour à tour; il ne peut pas y avoir tantôt de l'être en soi, et tantôt du néant. Le néant et l'être ne peuvent exister concurremment. L'être absolu existe nécessairement. La condition de l'être nécessaire est d'exister et de ne pouvoir pas ne pas exister. Mais l'existence est un parti pris entre le *oui* et le *non*. C'est un resserrement du champ qui s'offre à notre esprit, abstraction faite de l'affirmation et de la négation. En s'unissant à l'affirmation qui proclame la certitude et la nécessité d'une existence indépendante et absolue, l'idée de l'être se rétrécit. Elle exclut l'idée du néant ou de la négation; en sorte que l'idée de l'existence, autrement dit l'affirmation de l'être, borne, pour ainsi dire, la nature de l'être en soi, et pour renfermer cette idée dans une formule claire et précise, on peut dire que l'être se limite en s'affirmant.

Si l'affirmation est la loi de l'être, la loi de l'existence est la modalité ou la manière d'être. Aussitôt qu'on a conçu que l'être existe, on est forcé de concevoir qu'il existe d'une certaine manière. Cette condition de l'existence en est encore une limitation. Supposez que les êtres pussent exister, sans exister d'une façon ou d'une autre, ne vous semble-t-il point que leur condition serait plus aisée, plus facile, qu'il y aurait, pour ainsi dire, une plus grande latitude dans leur essence? Cette nécessité où ils sont d'avoir une manière d'être, n'est-elle pas comme un obstacle au développement de leur essence, n'est-elle pas une limite imposée à l'existence? Oui, sans doute; cette condition d'avoir une manière d'être, est, pour ainsi dire, un assujétissement, c'est une limite, c'est une loi. Je dirai donc, en variant ma formule, que l'existence se limite en se modifiant.

Si l'affirmation est la loi de l'être nécessaire, si la modalité est la loi de l'existence absolue, l'unité est la loi de la substance. Aussitôt que la substance est conçue, elle se conçoit comme quelque chose de simple et d'un. Il n'y a point de substance, ou il n'y en a qu'une. Cette condition imposée à la conception de la substance, est encore une véritable limitation. Supposez, en effet, qu'il pût y avoir plusieurs substances, n'est-il pas vrai que la nature de la substance aurait, au premier coup-d'œil, quelque chose de plus large et de plus facultatif? N'est-il pas vrai que la condition de la substance semblerait avoir quelque chose de plus facile, de plus commode, qu'il y aurait plus de latitude dans son essence? Or, il n'en est pas ainsi; il n'y a qu'une substance, ou il n'y en a point. Cette nécessité à laquelle est soumise la conception de la substance n'est-

elle pas encore une condition imposée à sa nature, une limite assignée à son développement ? Oui, sans doute. L'idée
de la substance est limitée par celle de l'unité.

Mais si l'unité est la loi de la substance absolue, le tems
et l'espace sont les lois de la vérité.

La vérité se limite par le tems et par l'espace.

L'unité se limite par la pluralité.

Sans doute, il ne peut pas en être autrement. Je sais
bien que l'être en soi ou l'être nécessaire ne peut pas ne pas
exister. Je sais bien que l'existence ne peut avoir lieu, sans
une manière d'exister, et que la substance ne peut se concevoir qu'avec l'idée de l'unité. Je n'ignore pas non plus
que la vérité se manifeste nécessairement dans le tems et
dans l'espace, et que l'unité substantielle se résout dans la
pluralité phénoménale. Aussi dirai-je que toutes ces lois sont
fatales, que toutes ces limitations sont nécessaires. Mais
toutes nécessaires qu'elles sont, ces lois n'en sont pas
moins des limites. La qualité d'une loi ne change rien à son
essence. Or la nécessité est une qualité ; mais l'essence de la
loi est d'être une limite.

L'idée de la loi est une des idées les plus générales que
nous puissions avoir. Il n'y a aucune science qui n'ait ses
lois, aucun art qui n'ait aussi les siennes. On dit les lois de
la peinture, de la sculpture, les lois du goût, les lois politiques, les lois morales, les lois physiques, les lois naturelles, etc. *Tous les êtres ont leurs lois*, dit avec raison
Montesquieu, qui les a pourtant définies autrement que
nous. Puisque cette idée est si générale qu'elle s'applique à
tout, il fallait bien la définir par une idée qui présentât
aussi la plus grande généralité. Telle est aussi l'idée de la limitation. Tout ce qui est, est limité, et la limite c'est la loi.
C'est une définition qu'il est facile de vérifier par des exem-

ples. Ainsi c'est une loi du mouvement que tout corps abandonné à lui-même suit une ligne droite et conserve la vitesse qu'il avait d'abord. Cette condition imposée au mouvement n'en est-elle pas, je vous prie, une limitation manifeste? Si le corps abandonné à lui-même pouvait aller à droite, à gauche, avancer, reculer, monter, descendre, augmenter ou diminuer sa vitesse, s'arrêter de lui-même ou se mouvoir sans motif, ne vous semble-t-il point que sa condition serait plus commode? N'y aurait-il pas, au premier coup-d'œil, quelque chose de plus aisé, de plus facile dans le mouvement et dans son exécution? Oui, certes, il me paraît hors du doute que cette loi du mouvement est une véritable limitation.

Et puisque c'est l'étude de la morale qui m'a conduit à cette théorie de la limitation, et à la définition de la loi, telle que je la conçois, qu'il me soit permis de choisir un dernier exemple dans cette sphère. Je prends la loi morale qui dit: « Tu ne déroberas point le bien de ton prochain. » Que peut-on voir dans cette loi, si ce n'est une limitation ? Et, en effet, supposez un moment que le vol fût une chose licite, que nous pussions réciproquement nous dépouiller les uns les autres, et nous emparer de tout ce qui nous agrée, ne vous semble-t-il point que l'existence individuelle en serait plus commode? Or, il n'en est pas ainsi. La loi nous défend de prendre et de convoiter ce qui ne nous appartient pas. Elle borne nos jouissances à celles qui résultent de l'usage et de l'emploi de notre propre bien. Il serait inutile de multiplier les exemples. On n'a qu'à parcourir un code quelconque, un recueil de lois proprement dites, on n'y trouvera pas autre chose que des limites imposées à l'activité humaine.

La loi étant ainsi définie, il est facile d'en indiquer le caractère. La loi est essentiellement prohibitive. Sa fonction est d'arrêter, d'empêcher, de défendre. Les exemples ne manqueront point à l'appui de ce principe. Prenez une loi naturelle, une loi positive, qu'y voyez-vous, si ce n'est une défense ? « Tu ne tueras point, » dit la loi naturelle. « L'homme avant dix-huit ans révolus, la femme avant « quinze ans révolus, ne peuvent contracter mariage, » dit le code civil.

Mais l'observation, pour être bonne et utile, doit être complète. La méthode analytique, à quelque science qu'elle s'applique, ne peut obtenir un succès durable que par son étendue et son impartialité. En s'arrêtant aux réflexions que je viens d'émettre, on pourrait être tenté de croire que la limitation est un principe défavorable, et que toute limite est nécessairement une source de mal et de contradiction. C'est une erreur qui est échappée à de bons esprits, t contre laquelle je me hâte de m'élever. Il me suffit de réfléchir sur la nature d'une limite et sur l'effet d'une limitation, pour me convaincre que le malaise qui semble, au premier coup-d'œil, en être le fruit, devient réellement une source de force et de vigueur.

Q'est-ce en effet qu'une limite ? C'est un point marqué sur une ligne, c'est un terme assigné à une dimension, une borne imposée à une certaine étendue. Il suit de là que l'idée d'une limite implique nécessairement trois idées: 1.º Celle d'une étendue vague et indéterminée, ou d'une ligne indéfinie; 2.º Celle du point marqué sur cette ligne; 3.º Celle d'une distance déterminée, d'une longueur fixe et précise s'étendant depuis le commencement de la ligne, jusqu'au point marqué ou à la limite. Ainsi par le fait de la limitation, et par ce fait seul, l'étendue se fixe et se précise; elle devient sensible et saisissable. La limite, il est vrai, borne et arrête l'étendue; mais en la terminant, elle la détermine. Elle ne peut la déterminer qu'en la terminant; mais il est pareillement impossible qu'elle la termine sans la déterminer. En déterminant l'étendue, elle la fait sortir du vague et de l'indécision. En la précisant, elle la réalise; en la fixant, elle la crée. Or, qu'y a-t-il autre chose, dans l'univers, que des êtres déterminés, et sur quoi s'exercerait notre intelligence, sinon sur des êtres déterminés ?

Faisons l'application de cette dernière observation aux lois dont j'ai déjà parlé; il nous sera facile d'en reconnaître l'exactitude. L'idée de l'être, avons nous dit, se présente dans toute sa pureté, abstraction faite de l'existence et de la non-existence. Elle flotte suspendue entre l'affirmation et la négation. En s'unissant à l'affirmation, elle se limite, elle se circonscrit, elle se précise. L'être se limite en s'affirmant, telle est la formule; il ne peut pas s'affirmer, sans se limiter; mais en se limitant, il s'affirme. C'est en se limitant par une affirmation qu'il se pose, qu'il s'établit, qu'il se constitue. L'affirmation de l'être donne l'existence. Que l'être ne s'affirme point, il ne sera point limité; mais aussi qu'il ne se limite point, et il cessera d'exister. Otez l'affirmation, vous ôtez la limite, ôtez la limite, et vous supprimez l'être. Comment échapperait-il à sa limitation, sans retomber dans le néant, ou dans l'incertitude qui, pour l'être nécessaire, est le néant même ? Comment l'être nécessaire pourrait-il exister sans s'affirmer, et par conséquent sans se limiter ? Comment pourrait-il se limiter sans s'affirmer ?

Il en est de même de l'existence; elle se limite en se modifiant; mais en se modifiant, elle se substantialise. L'existence, sans un mode d'existence, est incompréhensible et nulle. En se soumettant à la modalité, l'existence se limite, sans contredit; mais ce n'est qu'en se limitant ainsi qu'elle sort du vague et de l'indécision, qu'elle se précise, qu'elle devient possible.

L'idée de la substance se limite par celle de l'unité. La substance absolue est une ou elle n'est pas. Otez l'idée de l'unité, la substance absolue s'évanouit avec elle ; car la pluralité appliquée à la substance détruit l'idée de l'absolu, et puisque la substance absolue, ou la substance unique équivaut à la causalité absolue, ou à la cause première, il s'ensuit que la causalité absolue est un effet de l'unité, et qu'il n'y a que l'unité de la substance qui puisse conduire à la cause première.

La vérité se limite par le tems et par l'espace ; mais ce n'est qu'en se limitant ainsi qu'elle produit la réalité.

L'unité se limite par la pluralité; cette limitation produit l'individualité.

J'ai cité la loi naturelle qui dit : Tu ne tueras pas. N'est-ce pas la même loi qui dit : tu ne seras pas tué ? La loi qui me défend d'attenter à la vie de mon semblable, est donc la même loi qui protège ma propre vie. Celle qui me défend de ravir le bien d'autrui, défend aussi mon propre bien contre la rapacité d'un autre. La loi positive qui défend le mariage avant une certaine époque, est la même qui le permet après l'époque déterminée par elle. Si vous n'avez pas dix-huit ans révolus, ne vous mariez pas ; mais si vous avez dix-huit ans, vous pouvez vous marier. C'est afin que nous puissions nous marier à dix-huit ans, qu'on nous défend de le faire plus tôt, et la loi qui permettrait à un enfant de douze ans de se marier, lui ôterait, par cela même, la faculté de contracter plus tard un mariage salutaire et efficace.

Ce n'est guère l'usage d'appeler la poésie à l'appui de la

métaphysique , et cependant lorsque la poésie exprime avec bonheur des vérités philosophiques , ne peut-elle pas prétendre au droit de tempérer , par ses nobles élans , l'aridité des considérations les plus abstraites ? Pour moi , je ne puis qu'éprouver une véritable satisfaction , en ce moment , en me rappelant la strophe suivante , empruntée à l'ode de Lafare sur l'harmonie :

> De la contrainte rigoureuse
> Où l'esprit semble resserré ,
> Il reçoit cette force heureuse
> Qui l'élève au plus haut degré ;
> Telle , dans des canaux pressée ,
> Avec plus de force élancée ,
> L'onde s'élève dans les airs ;
> Et la règle qui semble austère
> N'est qu'un art plus certain de plaire ,
> Inséparable des beaux vers.

Ce que le poète dit de la rime , ce qui peut se dire du rithme , en général , soit en musique , soit en poésie , est également vrai de toute espèce de limitation. Par cela même qu'elle détermine , toute limite est essentiellement bienfaisante. Loin donc qu'il faille y voir un principe défavorable , il est impossible , au contraire , de ne pas la considérer comme un principe créateur et vivifiant ; comme une source féconde de manières d'être et de rapports avantageux. La limitation est amie de l'être , si je puis m'exprimer ainsi. C'est elle qui est la vraie créatrice de l'univers , puisqu'elle donne naissance à tous les êtres et à leurs rapports. Qu'est-ce qui fait le cercle , si ce n'est la circonférence ? Qu'est-ce qui produit le carré , si ce n'est les quatre côtés qui en terminent la surface ? Où est l'origine de l'angle , sinon dans l'intersection des deux lignes qui se limitent mutuellement ?

La limitation ou la loi produit donc deux faits qu'il est également important de constater et de reconnaître : le fait d'un obstacle et le fait d'une concession. Ces deux faits dépendent tellement l'un de l'autre, qu'il est impossible d'en supprimer un sans détruire l'autre. L'idée d'une limite implique nécessairement celle d'une prohibition et celle d'une concession. Toute borne, toute barrière crée nécessairement un espace en deçà et un espace au delà d'elle. Par cela même et par cela seul qu'une limite arrête, elle détermine ; par cela même qu'elle détermine, elle réalise. Or, qu'y a-t-il autre chose dans la nature que des être déterminés, et sur quoi s'exercerait notre intelligence, si ce n'était point sur des êtres déterminés ? Tout est obstacle, tout est arrêt ; par conséquent tout est faveur et concession ; tout est à-la-fois affirmation et négation. On ne peut nier sans affirmer, ni affirmer sans nier, permettre sans défendre, ni défendre sans permettre, accorder sans refuser, ni refuser sans accorder.

Considérée sous ce point de vue, qui est le seul complet, la loi ne tarde pas à perdre ce caractère défavorable qu'elle avait au premier coup-d'œil. On voit bien aisément qu'elle n'est pas exclusivement prohibitive, encore moins faudrait-il croire qu'elle fût préventive ou oppressive. La loi n'est rien de tout cela ; mais qu'est-elle donc décidément ? Quel est son caractère définitif ? La loi est déterminative, et voilà tout.

Et maintenant parcourez tout l'univers ; allez de la terre au ciel et du ciel à la terre ; passez du monde visible au monde des idées, et du monde sensible au monde moral ; analysez tous les objets qui tombent sous vos sens, et toutes les idées qui composent le fonds de votre intelligence. Que trouvez-vous autre chose que des limites, et des facultés aussi nombreuses que puissantes, fruits évidens de toutes ces limitations ? Limitez la force par la matière, et la matière par la force; limitez la force par la force, et vous obtiendrez tous les phénomènes de l'univers et toutes les merveilles de la création. Une limitation vous donne l'étendue, une autre vous donne la durée. Telle limite fait le corps, telle autre fait le mouvement. La végétation et la vie, l'intelligence et la pensée sont elles-même les fruits heureux d'un principe essentiellement bienfaisant.

Les philosophes qui s'appliquent à la description des phénomènes physiques et métaphysiques ne considèrent guère, dans leurs études, que les effets avantageux des lois naturelles, et de là vient, chez eux, une tendance manifeste à confondre la loi ou la limite avec la faculté qui en est le fruit. Un traité de physique ou de chimie, de mécanique ou de géométrie, n'est autre chose que l'exposition des propriétés des corps, du mouvement et de l'étendue. Un livre de psychologie n'est autre chose que le développement des facultés de l'âme, ou des propriétés qui caractérisent l'intelligence. On conçoit en effet qu'il ne puisse en être autrement, puisqu'il est plus important de connaître ce que peut produire un corps ou un phénomène quelconque, que de savoir ce qu'il ne peut produire, quoiqu'à vrai dire, la connaissance du premier objet implique celle du second, et que lorsqu'on connaît les propriétés d'un corps, d'une figure, ou d'une machine, on a, par cela même, une idée générale de son impuissance ; mais cela tient principalement à ce que l'exécution des lois dont il s'agit est fatale et nécessaire. Les lois physiques et métaphysiques, comme les lois mathématiques, sont toutes nécessaires, non-seulement dans leur existence, mais aussi dans leur accomplissement, et tous les phénomènes qu'elles engendrent participent à cette nécessité.

Il n'en est pas de même de la loi morale: quoique son existence soit nécessaire et ne puisse être révoquée en doute, il
n'en est pas de même de son exécution. Son accomplissement n'a lieu que par le concours des hommes qui sont des
agens d'une espèce toute particulière, doués d'une activité
qui leur est propre, autrement dit, de *volonté*. L'observation de cette loi est libre, tout comme sa violation ; on peut
la suivre ou la mépriser, et tous les phénomènes qu'elle
produit son éminemment volontaires ; aussi les moralistes
ne se sont-ils pas bornés, et ils ont eu raison, à étudier
l'effet avantageux des lois morales ; ils en ont étudié aussi
l'effet désavantageux. Ils n'ont point séparé l'élément facultatif de l'élément prohibitif ; et si quelquefois ils ont sacrifié
l'un à l'autre, on peut dire pourtant que les deux faits ont
été généralement reconnus, et que le sens commun n'a
cessé de protester contre les doctrines exclusives et les systèmes incomplets. Le langage témoigne de cette vérité,
puisqu'il existe, dans chaque langue, deux mots bien distincts pour désigner le double effet produit par la loi
morale ; je veux parler du *droit* et du *devoir*. Ces idées,
consacrées par l'assentiment unanime du genre humain,
nous apprennent suffisamment que les moralistes ne se sont
pas contentés d'observer et de signaler la capacité fondée par
la loi morale, et qu'ils ont reconnu en même-tems l'incapacité qui en est le fruit.

Le droit et le devoir sont deux enfans jumeaux de sexe
différent, mais ayant la même origine : ils sont tous deux fils
de la loi

Puisque la loi morale est volontaire dans son exécution,
il s'ensuit qu'elle revêt un caractère particulier, et qu'elle se
distingue de toutes les autres. Ce caractère, c'est *l'obligation*, phénomène spécial et singulier, qui limite l'activité

sans la détruire, qui sollicite la volonté sans la contraindre, et qui l'arrête sans lui faire violence. De là viennent aussi pour l'homme, ou pour l'agent chargé de l'exécution de la loi morale, deux caractères particuliers qui sont : la *responsabilité* et la *moralité*. L'obligation, jointe à la liberté, crée pour l'homme, la responsabilité et la moralité ; car puisqu'il est libre, ses actions lui sont imputables. C'est lui qui fait sa conduite, et c'est aussi à lui d'en répondre ; de plus, il mérite où il démérite, suivant qu'il obéit à la loi ou qu'il l'enfreint. Les astres ne peuvent violer leurs lois ; l'homme peut violer les siennes ; il ne pouvait être capable de *vertu* qu'en étant capable de *crime*. Il est inutile de parler des inconvéniens de la liberté : elle nous a été donnée pour faire le bien volontairement, et pour obtenir le mérite de l'avoir fait.

L'idée de la loi en implique nécessairement une autre qu'il est également important d'analyser et d'apprécier ; je veux parler de la *sanction*. Une loi qui n'aurait pas de sanction serait nulle, nous dit-on, et cela est vrai ; mais voyons comment l'idée de la sanction se rattache nécessairement à celle de la loi, et comment toute loi a nécessairement sa sanction.

Le mot *sanction* qui vient du latin *sancire*, lier, ne désigne d'abord que le fait pur et simple de la loi, qui est de lier, d'arrêter ou de limiter ; mais, dans un sens plus étendu, il exprime le pouvoir efficace qui lui est attribué, et l'inconvénient qui résulte de son infraction. La loi, comme nous l'avons vu, crée deux faits qui sont une concession et une prohibition, un pouvoir et une impuissance, une faculté et une incapacité. La limite a pour objet de déterminer, et c'est en déterminant qu'elle crée et qu'elle réalise. Si vous ôtez la limite, si vous la franchissez, la détermination qui en était le fruit , cesse sur-le-champ , et à l'instant tout rentre dans le néant , mais principalement le pouvoir ou la faculté qui était l'effet avantageux de la limitation.

Supprimez la circonférence, le cercle disparaît ; rendez deux lignes parrallèles, que devient l'angle qu'elles formaient ? Ainsi la sanction n'exprime pas autre chose, sinon que l'infraction de la loi entraîne la nullité de son effet avantageux , qui est le pouvoir ou la faculté qui en dérive, en d'autres termes , l'élément facultatif. Si vous supprimez la limite , vous détruisez le phénomène ou l'objet qui en était le fruit, vous anéantissez le droit ou la faculté qu'elle avait fondé.

Prenons encore pour exemple la loi de l'être en soi ou l'affirmation. Si vous ôtez la limitation de l'être en soi, ou l'affirmation , si vous infirmez le jugement qui en prononce l'existence, vous retombez dans la négation , ou tout au moins dans l'incertitude , et par cela même vous replongez l'être absolu dans le néant. L'être absolu ne peut exister qu'à la condition qu'il s'affirmera ; son existence est un effet de cette affirmation. La limite qu'on lui impose en l'affirmant , l'établit et le crée , comme je l'ai dit. L'affirmation est la loi de l'être en soi ; l'existence est l'effet de cette loi , dont la sanction consiste en ce que l'être affirmé équivaut à l'existence , et que la ruine de l'affirmation entraîne la ruine de l'existence et la nullité de l'être en soi.

Le même raisonnement s'appliquerait également à toutes les autres lois dont j'ai parlé. L'unité par exemple limite la substance. Si vous ôtez à la substance l'idée de l'unité , vous altérez l'idée même de la substance , et vous emportez du même coup l'idée de la causalité qui s'attache à la substance unique. La substance absolue ne peut se concevoir que comme une substance unique , cause première de tout ce que nous voyons ici-bas. L'unité est donc la loi de la substance, et la causalité absolue est l'effet de cette loi, dont la sanction consiste en ce qu'on ne peut obtenir la cause première que par l'unité de la substance, et que la négation de l'unité appliquée à la substance, entraîne la négation de la cause première. La pluralité des substances était l'erreur fondamentale et radicale du polythéisme, et le polythéisme, ainsi compris, ne pouvait être et ne fut en effet qu'une espèce d'athéisme.

Les lois morales ne se distinguent pas des lois physiques ou méthaphysiques, sous le rapport de leur sanction. Celle-ci provient toujours du même principe. Elle ne peut jamais désigner autre chose que l'inconvénient attaché à la violation de la loi. Ainsi la loi qui nous défend le meurtre et le vol, nous offre, comme je l'ai dit, une garantie pour notre propre vie et pour notre propre bien; si nous rompons la digue qui nous est opposée, nous renversons du même coup la barrière qui nous protégeait. Celui qui vole est mis à l'amende, celui qui tue est puni de mort, et on conçoit la justice de ce procédé. La Société s'empare avec raison du droit de punir celui qui transgresse les lois sociales. En portant la main sur nos semblables, nous appelons tous nos semblables à en faire autant sur nous. Pour avoir méprisé notre devoir, nous sommes dépouillés du droit qui y était inhérent. En renversant la loi, nous avons détruit le double effet qui en était la suite.

Ainsi la sanction est la loi des lois, ou la limitation de la limitation. C'est la limitation à sa seconde puissance. Ce n'est que par son existence, autrement dit, par son exécution fidèle, sa scrupuleuse observation, que la loi produit tous ses effets avantageux; si vous supprimez la limite, vous supprimez tous ses effets, vous enlevez le droit et le devoir, la faculté et la non faculté qui en étaient le fruit.

Je définis l'ordre universel, l'accomplissemant de toutes les lois, ou le maintien de toutes les limites.

Un désordre quelconque est la violation d'une loi, la transgression d'une limite. Et remarquez que la définition de la loi, telle que je l'ai donnée, se trouve implicitement contenue dans une expression autorisée par l'usage. On dit également violer une loi, transgresser une loi. Or que transgresse-t-on, sinon une limite ? Delà encore l'expression parfaitement exacte : être dans son droit. Être dans son droit, c'est-à-dire rester dans sa limite. Être dans son droit, et n'en pas sortir, tel est le rôle de l'homme juste. « Nés pour être libres, » sachons l'être, disait, il y a quelques années, un mem— » bre distingué du barreau de Rennes. Restons en deçà des » bornes que les lois nous opposent ; ce sont aussi les bar- » rières dont elles nous protègent. »

Après avoir montré ce que c'est qu'une loi, après avoir rendu compte des idées les plus importantes qui s'y rattachent, il me reste, pour terminer cette partie de mon travail, à examiner les principales définitions qu'on en a données avant moi. Cette revue critique aura nécessairement pour effet de confirmer mon opinion, ou d'en laisser percer la faiblesse.

Les lois, dit Montesquieu, *sont les rapports nécessaires qui dérivent de la nature des choses.* Cette définition qui a été si souvent et si vivement critiquée, ne l'a pas été, si je ne me trompe, comme elle aurait dû l'être. Elle pèche, selon moi, en ce qu'elle confond l'effet avec la cause. Les lois ne sont pas des rapports, mais elles sont les causes des rapports. S'il n'y avait pas de lois, il n'y aurait pas de rapports ; mais il ne s'ensuit pas delà que les lois soient des rapports, ni que les rapports soient des lois. Tout rapport suppose une loi; mais autre chose est le rapport, autre chose est la loi qui l'établit. Le rapport qui existe entre deux époux n'est pas une loi; il n'est que la suite et la conséquence d'une loi. Or la loi qui règle ce rapport, ou pour mieux dire qui le fonde, c'est le contrat de mariage. En se jurant une fidélité mutuelle, les deux époux ont limité leur liberté ou leur indépendance. Ils ont circonscrit l'exercice de leurs sentimens naturels, en les concentrant sur une seule personne. Cette limitation produit le rapport qui existe entr'eux et qui les unit. Le mouvement de la lune autour de la terre, n'est pas non plus une loi, c'est l'exercice d'une faculté qui résulte d'une limitation. Il est la conséquence d'une loi, ou pour mieux dire de deux lois, dont l'une est la grandeur du satellite inférieure à celle de la terre, et l'autre est la distance qui les sépare. La lune étant plus petite que la terre, et ne se trouvant pas d'ailleurs assez loin, pour échapper à son attraction, cette double limitation fait décrire à la lune un mouvement circulaire autour de la terre, et en fait un satellite de notre planète. Ce mouvement est pour la lune l'exercice d'une faculté qui est l'effet immédiat de sa double limitation.

L'idée du rapport est une idée complexe. La loi au contraire est quelque chose de simple et d'un. Tout rapport suppose deux termes, et il est impossible d'avoir l'idée d'un rapport, sans avoir celle de deux termes qui le constituent. On définit le rapport, le résultat d'une comparaison; or pour que la comparaison soit possible, il faut nécessairement qu'il y ait deux choses à comparer. La dualité est antérieure à la comparaison, et la comparaison est antérieure au rapport. Une autre idée antérieure à la dualité est celle de la limitation ou de la loi, puisque c'est elle qui établit la dualité. La limitation seule crée les deux termes, elle rend possible la comparaison et le rapport qui en est la suite. On a donc eu tort de prendre le rapport pour la loi et réciproquement. Le rapport n'est que la conséquence de la loi, puisque la dualité qu'il exige ne peut-être engendrée que par la limitation.

Il n'est pas inutile de remarquer, que l'idée de la loi est souvent confondue avec celle du pouvoir, ou de la faculté qui en dérive. Cette confusion est une véritable synecdoche, qui prend tour-à-tour l'effet pour la cause, et la cause pour l'effet. L'emploi des métaphores et des autres figures de mots, est très-fréquent dans toutes les langues, et il serait ridicule de vouloir les bannir du langage ordinaire où elles jettent de la grâce et de la vivacité. Mais ce n'est peut-être pas beaucoup s'aventurer que de dire que l'emploi de ces figures, est la source des plus grands abus en métaphysique. Il y a, j'en suis sûr, dans la psychologie une foule d'erreurs qui n'ont d'autre origine que l'emploi d'une métaphore ou d'une synecdoche. Il ne peut, en effet, y avoir qu'un grand danger en métaphysique, à prendre la partie pour le tout, ou l'effet pour la cause, et réciproquement. Mais revenons à l'idée de la loi, et aux définitions des publicistes.

Une des définitions les plus en vogue parmi eux, est celle qui compare la loi à une règle. Cette définition n'est pas plus juste que la précédente. Elle pèche par excès de précision. Le mot *règle* n'est pas assez général, pour définir un fait comme la loi. Ce n'est pas qu'une règle ne soit une limite ; mais toute limite n'est pas une règle. Comparons un moment l'activité humaine avec le mouvement matériel ; on voit que ce mouvement est susceptible de mille directions : il peut aller à droite, à gauche, en avant, en arrière, monter, descendre, etc. Or quelle est la fonction d'une

règle ? Cette fonction est d'indiquer une direction , et d'empêcher qu'on ne s'en écarte. Du reste , le mouvement peut
s'étendre à l'infini. La règle ne limite que dans un certain
sens. Elle contraint à aller droit ; mais on peut aller loin
tout en allant droit, on peut aller droit et ne s'arrêter jamais.
L'idée d'une règle suppose qu'on a quelque chose à faire,
et qu'il faut le faire d'une certaine manière, plutôt que d'une
autre ; mais l'idée de la loi ou de la limite suppose que
dans certains cas il faut au contraire s'abstenir d'agir. La
vertu ne consiste pas toujours à faire, et à faire d'une certaine
façon ; elle consiste bien souvent à ne pas faire. Abstiens-
toi, dit le stoïcisme ; or pour s'abstenir on n'a pas besoin de
règle, mais il faut avoir une limite. La règle ne limite que
dans un certain sens. Elle empêche qu'on ne s'égare, ou pour
mieux dire elle prévient le changement de direction.

Il n'en est pas de même de la loi. Celle-ci ne se contente
pas d'indiquer une direction : elle fixe un terme, elle met
obstacle à ce qu'on aille au-delà, elle arrête, en un mot.
La règle guide , la limite arrête. Tu ne tueras pas, dit la
loi naturelle. Tu ne déroberas pas le bien de ton prochain.

Si la loi était une règle, elle vous dirait : lorsque tu voudras tuer ton semblable, tu t'y prendras de telle et telle
manière ; lorsque tu voudras t'approprier son bien, tu ne
le feras pas ouvertement, mais par surprise, ou *vice versd ;*
tu ne le prendras pas dans le jour mais dans la nuit. Or ce
n'est point cela ; la loi vous dit d'une manière absolue : tu
ne tueras pas , tu ne déroberas pas.

Au lieu de nous arrêter à l'idée de règle, remontons
plutôt à l'origine du mot loi ou du mot *lex* qui vient de
ligare, lier. *Lex quià ligat*, dit le droit romain. Cette définition est bien plus juste que la précédente. Effectivement

le lien est plus coërcitif que la règle. Le lien arrête, il pose un obstacle. C'est aussi ce que fait la loi. Elle pose un terme, elle circonscrit une faculté, elle termine un développement.

On dit encore que la loi est la raison écrite ; mais d'abord qu'entend-on par la raison ? Ensuite qu'entend-on par la raison écrite ? Les lois écrites ne sont pas toujours raisonnables. La raison est l'organe de la loi. La connaissance de toutes les lois nous vient par la raison. Mais autre chose est la loi, considérée en elle-même, autre chose est le moyen par lequel elle se manifeste.

Quelques philosophes, qui se sont occupés spécialement de l'étude des lois politiques, ont dit que la loi était l'expression de la volonté générale. Cette définition est la plus mauvaise qu'on puisse donner.

Et d'abord, il y a dans l'univers une grande quantité de lois qui ne sont rien moins que l'expression de la volonté humaine, puisqu'elles existent et s'accomplissent indépendamment de cette volonté, et souvent même malgré elle. Or, toutes ces lois, pour être fatales et nécessaires, n'en sont pas moins des lois qui, comme telles, accusent le vice de la définition que je combats.

En second lieu, si nous nous bornons à considérer la loi morale, il est facile de se convaincre qu'elle n'est pas non plus l'expression de notre volonté. L'idée de la loi emporte l'idée de quelque chose de fixe, d'immuable et d'absolu, et qu'y a-t-il de plus mobile et de plus variable que la volonté ? Loin que la volonté soit faite pour donner la loi, c'est à elle au contraire à la recevoir. La vertu ne consiste pas à faire la loi, mais à s'y soumettre Par où l'on voit que la loi morale n'a rien de commun avec la volonté, dans sa nature et dans son origine; mais qu'elle est appelée à circonscrire cette volonté, à la soumettre, et à lui tracer le cercle au-delà duquel elle ne peut s'exercer impunément.

Enfin des publicistes plus modernes ont vu dans la loi l'idée d'une *puissance*. Cette définition est doublement vicieuse. Ceux qui l'ont adoptée ont renouvellé l'erreur de Montesquieu, en prenant l'effet pour la cause, en se laissant éblouir par une synecdoche, et de plus ils ont commis une autre erreur qui leur est propre. Ils n'ont pas vu tout leur objet, et leur définition est restée incomplète. Sans doute la loi produit une puissance; mais elle produit aussi une impuissance, si je puis m'exprimer ainsi. Il y a bien dans la loi l'idée d'une concession; mais il y a aussi celle d'une prohibition. L'une est l'effet de l'autre, et réciproquement. La faculté n'est que le contre-coup de la défense, et la défense résulte de la faculté. Si l'on nous permet d'aller jusqu'à Lyon, on nous défend par cela même d'aller plus loin; et, d'un autre côté, comment pourrait-on nous défendre de dépasser Lyon, sans nous permettre par cela même d'aller jusques-là ? Il ne faut pas s'y méprendre; la loi produit un double effet : elle engendre deux phénomènes, dont l'un est purement positif, et l'autre négatif. Elle donne une faculté, elle crée une puissance; mais en même-tems elle établit une prohibition, elle circonscrit cette faculté, elle la limite, elle la borne tout en l'accordant, et tout en la bornant, elle l'accorde.

Tout est lié, tout se tient, tout est rapport, disent les philosophes, par conséquent tout est loi, dans l'univers. Si tout est loi, tout est limite. Il m'est impossible de comprendre ce que c'est qu'une loi, si on ne la définit pas comme je le fais. Et comme une limite implique nécessairement deux choses, l'affirmation et la négation, la concession et la prohibition, comme elle engendre deux phénomènes, dont l'un est entièrement facultatif et l'autre tout prohibitif, je trouve dans la limitation ou dans la loi, la source de tous les rapports, l'origine de tous les êtres, la cause de leurs modifications. La loi arrête, et par cela même elle favorise. Elle termine et détermine en même tems. En accordant une chose, elle en refuse une autre. En refusant la seconde, elle accorde la première. Elle est éminemment créatrice et vivifiante. C'est elle qui rend possibles l'affirmation et la négation. C'est elle qui tire le fini de l'indéfini, le réel du vrai, la pluralité de l'unité, la durée du tems, l'étendue de l'espace; mais en tirant le fini de l'indéfini, le réel du vrai, l'individualité de l'unité, la durée du tems, l'étendue de l'espace, elle oppose le fini à l'infini, le réel au possible, l'individualité à la totalité, la durée à l'éternité, l'étendue à l'ubiquité.

Ainsi la limitation est la cause de tous les rapports. C'est elle qui établit le dualisme que nous rencontrons en toutes choses. Elle crée la lutte et l'antagonisme qui éclatent dans tout l'univers. Sans elle, il n'y aurait ni force ni matière, ni mouvement ni vie, ni substance ni qualité, ni cause ni effet, ni être ni phénomène, ni unité ni pluralité, ni vérité ni réalité, ni homme ni nature, ni moi ni non-moi.

Or, qu'est-ce que la science, si ce n'est la connaissance de ce qui est? Et qu'y a-t-il, si ce n'est des êtres et des limites? Puisque l'existence elle-même n'est que l'effet d'une limitation, il s'ensuit que tout est limite, que tout est loi. Connaître et savoir, c'est donc reproduire en soi, par le moyen de son intelligence, toutes les lois de l'univers. Etudier, c'est observer la législation des êtres; connaître les êtres, c'est savoir ce qu'ils sont et ce qu'ils peuvent être, ce qu'ils ne sont pas et ce qu'ils ne peuvent pas être, ce qu'ils deviennent et ce qu'ils peuvent devenir, ce qu'ils ne deviennent pas, et ce qu'ils ne peuvent jamais devenir.

La conséquence que l'on peut tirer de toutes les réflexions qui précèdent, c'est que la science, considérée dans son ensemble, n'est autre chose qu'un tableau de toutes les limites qui, par une espèce de superposition successive, produisent cette immense variété d'êtres et de phénomènes qui constituent l'univers. Pour dessiner un arbre encyclopédique, du point de vue où nous sommes placés, il faudrait remonter aux idées les plus générales que l'esprit humain puisse concevoir, et descendre ensuite jusqu'aux phénomènes les plus concrets et les plus complexes ; c'est-à-dire qu'à partir des classes les plus générales d'êtres et d'objets, il faudrait indiquer les limites qui, frappant successivement les conceptions les plus étendues et les plus simples, en font jaillir des êtres et des rapports de plus en plus déterminés. Il faudrait, par exemple, assigner la limite qui, du sein du cahos matériel, fait sortir un corps distinct et séparé, et qui, d'une manière inerte et purement passive, fait quelque chose de mobile et d'animé. Il faudrait assigner la cause qui d'un simple mobile fait un minéral ou un crystal ; indiquer le moyen par lequel le minéral devient un végétal ; signaler la borne qui arrêtant, dans un certains sens, la vie végétative, l'élève à la vie animale, en introduisant dans le monde la locomobilité et la sensibilité, ces deux caractères distinctifs de l'animalité. Enfin, pour parvenir à la créature la plus complète et la plus merveilleuse, à l'homme, en un mot, il faudrait indiquer quelle est l'espèce de limitation qui, resserrant et circonscrivant des forces purement animales, en fait jaillir un être intelligent et volontaire, et donne de la moralité à des actes jusques-là nécessaires et instinctifs. Tel serait, ce me semble, le procédé qu'il y aurait à suivre pour expliquer, d'après la théorie de la limitation, la longue et brillante série de phénomènes physiques et moraux qui se déroulent sous nos yeux, dans ce vaste univers. Cette tâche mériterait, sans doute, d'être remplie; mais je suis bien loin de vouloir l'entreprendre. Il me suffit de l'avoir signalée à l'attention des philosophes, et je me hâte de dire avec le poète latin :

> *Spatiis exclusus iniquis*
> *Prætereo, atque aliis post commemoranda relinquo.*

Parmi tous les êtres de l'univers, il en est un qui mérite de nous occuper spécialement, c'est l'homme. Toutes les facultés dont il est doué sont l'effet d'autant de lois ou de limites, auxquelles il est naturellement soumis. Son activité est l'effet d'une limite, son intelligence est l'effet d'une autre limite; enfin sa sensibilité n'est aussi que la conséquence d'une autre espèce de limitation.

Mon but n'est pas de présenter ici toute la science de l'homme. Je suis trop étranger à une pareille ambition. Ce n'est pas là d'ailleurs ce que j'ai annoncé, et il est tems, sans doute, que je revienne à l'objet de cet opuscule, dont on pourrait croire que je suis singulièrement éloigné. Je le suis, en effet, et même je le suis assez pour ne pouvoir rentrer brusquement dans la route que j'ai quittée. Je ne puis d'ailleurs y revenir qu'après avoir rempli le dessein qui m'en a fait sortir ; et il faut bien que j'achève de parcourir le circuit qui doit me ramener en face de Hobbes et de son étrange doctrine sur l'état de nature et sur le droit de l'individu.

Ce n'est pas tout que de savoir ce que c'est qu'une loi, ni ce que c'est qu'un droit, en général. Il faut encore savoir quel est le droit de chaque être en particulier. Il ne suffit pas de dire, comme je l'ai fait, que la loi est une limite,

et que le droit est une faculté. Il faut dire quelle est la faculté de tel et tel être.

Le droit de l'être, en général, c'est d'être ou d'exister.
L'existence est le droit de l'être. Il suit de là, si je ne me
trompe, que le droit d'un être déterminé consiste à se maintenir tel qu'il est. Le droit d'un être, quel qu'il soit, ne
peut se trouver ailleurs que dans sa nature même. Si nous
voulons connaître les facultés d'un être quelconque, sachons simplement ce qu'il est ; sa nature dépend essentiellement de la manière dont il est limité, et son droit ou sa faculté dépend de sa nature même.

Puisque c'est de l'homme que nous nous occupons, et
que nous voulons connaître quel est son droit, il faut d'abord
savoir ce que c'est que l'homme. Lorsque nous saurons
bien ce qu'il est, il nous sera facile de dire quel est son
droit.

Or, l'homme est une force libre. Considéré comme le
sujet et l'objet de la morale et du droit naturel, il se présente à nous comme un être intelligent et actif, et non-seulement purement et simplement actif, mais librement actif.
L'homme est une force libre. C'est la liberté qui en fait l'essence. C'est par sa liberté qu'il se distingue de toutes les
autres forces, de tous les autres agens de l'univers. J'entends par une force libre celle qui se sait et qui se possède ;
car la liberté présuppose l'intelligence. Quoique la cécité
convienne à la fatalité, et qu'en général une force aveugle
et une force fatale soient presque synonimes, je conçois
cependant la possibilité d'une force intelligente qui n'en
serait pas moins fatale et nécessaire ; mais je ne puis
concevoir également une force libre qui ne serait pas éclairée.
L'idée de la liberté implique celle de l'intelligence ; aussi
l'homme est-il intelligent ; et cependant l'intelligence n'est

pas son caractère distinctif. Par son entendement et par sa sensibilité, l'homme se rapproche plus ou moins de tous les autres animaux; ce n'est que par sa liberté qu'il s'en distingue tout-à-fait. L'homme est essentiellement un être libre, c'est la liberté qui fait son caractère essentiel.

Si la liberté fait la nature de l'homme, il s'ensuit que son droit ou sa faculté d'homme ne peut se trouver ailleurs que dans sa liberté. C'est la liberté qui fait son droit, et, par une raison tout-à-fait analogue à la première, c'est encore la liberté qui fait son devoir. Ici la faculté et l'incapacité fondées par la loi sont identiques dans leur essence. Les deux effets de la limitation ne se distinguent pas encore d'une manière aussi saillante que dans la société. L'homme considéré isolément ou comme individu, a le droit d'être libre, et qui plus est, il en a le devoir; le droit et le devoir sont identiques dans l'essence. La liberté qui est de droit pour l'homme, relativement aux choses extérieures, est d'obligation pour lui relativement à la raison. Par rapport à la nature extérieure, il a le droit d'être libre; par rapport à la raison, il en a le devoir. Son droit et son devoir sont identiques dans l'essence, et ne se distinguent que relativement au point de vue dans lequel on se place pour considérer la liberté. La différence du point de vue introduit la différence des dénominations. Le droit et le devoir sont deux noms différens qui désignent toujours la liberté; là, est l'origine de la morale individuelle ou de la morale proprement dite. Cette partie de la science ne considère que l'individu; c'est de l'individu qu'elle s'occupe; elle lui accorde la liberté comme un droit; et non-seulement elle lui accorde l'usage de sa liberté, mais encore elle lui impose la liberté comme un devoir; ses droits et ses devoirs sont dans la liberté. Là, est la liberté avec son unité et sa simplicité natives.

Mais l'homme n'est pas seul sur la terre. L'humanité, comme nous l'avons dit, n'est pas réduite à un seul individu. Elle se compose de plusieurs hommes qui sont tous libres et par conséquent égaux sous ce rapport. Cette égalité est fondamentale, puisqu'elle se rencontre dans l'essence même de l'humanité. En présence de cette ressemblance essentielle, peu importent les différences d'intelligence et de sensibilité, les différences d'âge, de sexe ou de fortune. Toutes les inégalités disparaissent devant l'égalité fondamentale, l'égalité de liberté.

Or, si l'individu a le droit d'être libre, tous les individus qui lui ressemblent ont le même droit. Si l'individu a le devoir de conserver sa liberté, tous les individus qui lui ressemblent ont le même devoir. La morale individuelle est la même pour tous les hommes. Considérés individuellement, nous avons tous le même droit et le même devoir.

Mais maintenant il y a plus. L'homme considéré comme un individu isolé avait le droit d'exercer sa liberté sur la nature aveugle et fatale. Il avait le devoir de conserver sa liberté contre les suggestions de la sensibilité. Depuis qu'il est en rapport avec ses semblables, sa position se trouve compliquée. Non-seulement il doit défendre sa propre liberté, mais il doit respecter celle de ses semblables, au même titre qu'il respecte la sienne propre.

Dans l'etat de société, la liberté de chaque individu constitue un devoir, non-seulement pour l'individu qui en est doué, mais encore pour tous les individus qui lui ressemblent. Ainsi non-seulement ma liberté est de droit et de devoir pour moi, elle est de devoir encore pour tous mes semblables, et la liberté de tous mes semblables est non-seulement de droit et de devoir pour eux, elle est encore de devoir pour moi. La liberté est sainte et sacrée partout où elle se trouve. Quelque part qu'elle réside elle est également respectable. Si je dois être libre pour moi-même , il faut que mes semblables le soient aussi. Leur liberté devient un devoir pour moi , comme la mienne propre.

On voit maintenant comment le droit et le devoir deviennent corrélatifs, d'abord dans la personne individuelle , et en second lieu dans la réunion de plusieurs personnes. La société n'est autre chose qu'une aggrégation , ou si l'on veut une juxtà-position de forces libres qui non-seulement doivent se respecter chacune isolément, mais qui se doivent encore un respect mutuel. Le droit de chaque individu constitue un devoir pour tous ses semblables , et réciproquement le droit de tous ses semblables constitue un devoir pour chaque individu. Or ce droit et ce devoir ne sont autre chose que la liberté. C'est la liberté que je dois respecter chez moi et chez tous les autres hommes. C'est la liberté que tous les autres hommes doivent respecter et chez eux et chez moi.

Qu'on ne s'étonne pas, au reste, de m'entendre appuyer mes raisonnemens sur les idées d'unité et de pluralité , et de me voir suspendre toute ma théorie morale à ce principe incontestable que l'homme n'est pas seul au monde, et que la personnalité qui le caractérise se reproduit dans une multitude d'individus. Le monde est régi par les nombres , a dit Platon , et ce principe invoqué d'abord par les géomètres, l'est aujourd'hui par des savans habitués à mettre moins d'exactitude dans leurs idées et dans leurs observations. Jamais peut-être cette vérité n'a mieux été sentie que de nos jours ; jamais peut-être on n'en a fait de plus heureuses applications. Mais qu'on le sache ou qu'on l'ignore, notre position ici-bas c'est la pluralité. Par où l'on voit que les théories sociales touchent aux théories arithmétiques. La science du droit n'est pas seulement une science morale , c'est encore une science mathématique. Il y a de la géométrie dans le droit naturel , il y a du nombre dans la politique.

Le droit des hommes sur les choses , l'empire des êtres personnels sur les êtres impersonnels , n'est qu'une conséquence de la liberté. La propriété ou le domaine personnel est comme l'appendice, le complément de l'activité libre. L'homme, comme nous l'avons dit, a naturellement le droit de se servir des biens de la nature. Ce droit , il en est redevable à sa personnalité , voici comment. La personnalité est la faculté qu'a l'homme de se conduire librement , d'agir en vertu de sa propre activité , sans autre motif que sa volonté même. Il a le pouvoir de jouer volontairement son rôle sur le théâtre de la création. Tous les autres êtres de l'univers sont dépourvus de cette faculté. Leur nature même les condamne à la fatalité. Ils sont placés sous l'empire de la nécessité. C'est l'infériorité naturelle des choses par rapport à nous qui les condamne à nous servir et à subir notre domination. C'est notre supériorité morale sur les choses qui nous donne le droit ou le pouvoir moral de nous en servir, de les tourner à notre usage. La personnalité , je l'ai déjà dit , fonde le rapport de l'homme à la chose. Elle donne au premier un empire absolu sur les êtres matériels. Cet empire ayant pour sujet un être personnel prend le nom de droit ou de pouvoir moral. L'assujétissement de la nature ne constitue point pour elle un devoir , puisque , comme je l'ai déjà fait remarquer , il n'y a qu'un être personnel qui puisse être l'objet d'un droit ou d'un devoir. Mais enfin la sujétion naturelle des êtres impersonnels n'en est ni moins réelle ni moins incontestable.

Voilà donc l'homme investi du droit ou du pouvoir moral

de se servir des biens de la nature. Or, l'homme n'est pas seul au monde, je l'ai déjà fait observer, et c'est à cette observation qu'il faut toujours en revenir. La personnalité ne réside pas dans un seul individu. Elle se reproduit dans un grand nombre d'hommes qui sont tous égaux sous ce rapport, parce que la personnalité est toujours identique à elle-même. Ainsi le droit de la personnalité se pluralise, et par conséquent il se limite ; car la pluralité est évidemment une limitation de l'unité totale. L'unité individuelle n'est qu'un fragment de l'unité totale, ou si l'on veut encore la totalité du genre humain est une somme dont chaque individu est un élément. Et comme il serait absurde de prétendre que l'unité individuelle est égale à la totalité, il est pareillement ridicule d'accorder à chaque individu de l'espèce humaine un droit absolu et illimité sur toutes choses. Le droit de chaque individu est nécessairement limité par celui de tous les autres. Le droit de chaque personne en particulier n'est et ne peut être qu'une quote-part dans le droit général et universel des personnes sur les choses.

Ce doit être maintenant, si je ne m'abuse, une chose extrêmement facile que de prononcer en pleine connaissance de cause sur le mérite philosophique de la doctrine avancée par Hobbes, non-seulement sur l'état de nature, mais encore sur le droit naturel de l'individu. L'homme est un être actif et libre, il est de plus intelligent. Son intelligence le met en rapport avec la raison, c'est-à-dire avec l'ordre ou le bien. Sa liberté le rend maître de ses actes. C'est par elle qu'il devient capable de se conformer à l'ordre ou de le violer, et par conséquent suceptible de mérite et de démérite. A ce titre, il est un être moral, indépendamment de toutes relations avec ses semblables, avant comme après l'établissement de ces relations. Les Sociétés et les Gouvernemens ne créent point de droits, ou du moins ils ne doivent pas en créer ; leur fonction consiste uniquement à maintenir et à garantir ceux qui existent naturellement, par la force même des choses , à en protéger l'exercice , à en punir la violation. Si l'homme n'était pas naturellement un être moral , les Sociétés et les Gouvernemens s'épuiseraient en vain à le moraliser. S'il n'y avait pas de lois naturelles , il n'y aurait jamais eu de lois positives. S'il n'y avait ni droits ni devoirs primitifs et originaires , il n'y aurait jamais eu de droits et de devoirs dérivés. Otez le droit nécessaire , vous supprimez le droit conventionnel. Otez le droit naturel et absolu , vous supprimez le droit historique.

D'ailleurs , si l'état de nature impliquait l'absence de tout droit et de toute loi , il serait contradictoire de donner à l'homme placé dans cet état un droit absolu sur toutes choses. L'homme a des droits naturels , ou il n'en a pas. S'il n'a pas de droits naturels , il ne pourra jamais en acquérir d'autres. S'il a des droits naturels , tous ses sem-. blables en ont donc aussi , puisqu'ils sont ses égaux. Dès lors le droit naturel de chaque individu se trouve naturellement et nécessairement limité par celui de tous les autres. Le droit de Pierre impose un devoir à Paul , et réciproquement le droit de Paul impose un devoir à Pierre. Le droit et le devoir sont simultanés et corrélatifs. La société devient possible , le gouvernement a un but précis , et l'harmonie existe dans l'espèce humaine,

Et maintenant qu'il nous soit permis de remarquer comme une singularité frappante que Hobbes n'a pas positivement nié l'existence du droit naturel , mais qu'il en a méconnu l'équitable répartition. C'est en exagérant le droit individuel qu'il a fait de notre état primitif et originaire une peinture aussi fausse que fantastique. Son état de nature n'est pas l'absence de tout droit , c'est seulement l'absence de tout devoir, c'est-à-dire de toute loi , ou pour le moins de toute obligation. Comme s'il pouvait exister un droit, naturel ou positif, nécessaire ou conventionnel, qui n'aurait pas son origine dans une loi ! Comme si le droit et le devoir n'étaient pas contemporains et simultanés ! Comme s'il pouvait y avoir d'homme à homme un droit quelconque, sans un devoir correspondant ! Comme si ce qui fait le droit de l'un ne faisait pas le devoir de l'autre ! Comme si les droits et les devoirs de chaque individu n'étaient pas naturellement et nécessairement limités par les droits et les devoirs de ses semblables !

Hobbes accorde gratuitement à chaque individu de l'espèce humaine un droit naturel illimité sur toutes choses; et puis, voyant d'abord que ce droit individuel ne peut être exercé dans toute son intégrité , et , en second lieu , que les efforts plus ou moins constans que chaque individu pourrait faire pour en jouir, entraîneraient des conflits sans cesse renaissans , il en conclut que l'état de nature n'est autre chose qu'une guerre universelle et perpétuelle de chacun contre tous , et par conséquent un état normal d'extermination générale et particulière. Ensuite convaincu que la race humaine ne peut pas se conserver dans un pareil état, il en conclut qu'il faut chercher la paix; et comme la cause de la guerre était précisément et principalement ce droit illimité de chacun sur toutes choses, il s'ensuit que , pour avoir la paix, chacun doit renoncer à une partie de son droit. Ainsi la loi générale et fondamentale de l'espèce humaine est, suivant Hobbes, de chercher la paix, et la première loi spéciale qui dérive de celle-là est de renoncer au droit illimité sur toutes choses que chacun tient de la nature. Mais on ne peut renoncer à un droit que par le moyen d'une convention.

Viennent donc les pactes et les contrats qui limitent le droit de chaque contractant, et avant lesquels les hommes ne se devaient rien mutuellement, et n'étaient pas plus obligés les uns envers les autres qu'ils ne le sont aujourd'hui envers les tigres et les lions.

Ainsi dans le système du philosophe anglais, la Société s'ouvre par la renonciation de chaque individu à la plus grande partie des droits qu'il tient de la nature. La paix du genre humain ne devient possible que par le sacrifice et le dévouement de tous ses membres. Chacun de nous a dès l'abord et primitivement tous les droits imaginables ; mais il faut que chacun de nous renonce à une partie, à une immense partie de ses droits naturels, pour que la Société puisse s'établir. La propriété, la liberté, la vie même de chaque individu n'ont d'autre garantie que la renonciation que tous ses semblables ont faite, en sa faveur, au droit naturel qu'ils avaient eux-mêmes sur sa propriété, sur sa liberté, sur sa vie. Je ne m'appartiens et je ne respire légalement que parce que tous mes semblables ont renoncé au droit qu'ils avaient de m'asservir et de me tuer, et tous mes semblables eux-mêmes ne s'appartiennent et ne respirent que parce que j'ai bien voulu m'imposer la loi de respecter leur liberté et leur vie.

Je laisse à penser de combien il s'en faut pour que cette doctrine approche même de la vraisemblance, et je me borne à mettre sous les yeux de mes lecteurs les vérités dont je les ai entretenus plus haut. La propriété et la liberté de chaque individu sont de droit pour lui, et constituent un devoir pour tous ses semblables. La Société n'est pas fondée sur le sacrifice et le dévouement qui ne sont pas obligatoires. La Société est fondée sur le droit et le devoir ; cette base est assez large, elle lui suffit. On peut être un bon citoyen, sans être un héros. C'est pour avoir négligé cette distinction que Hobbes s'est trouvé conduit à l'obscurité , à la confusion , à la contradiction et à l'erreur. C'est pour avoir accordé à chaque individu de l'espèce humaine un droit exorbitant , qu'il s'est vu forcé au même instant d'agrandir le cercle de ses obligations , et de lui imposer comme un devoir impérieux le sacrifice et le dévouement, choses qui ne sont pas obligatoires de leur nature, mais qui sont libres et facultatives. Or, la Société ne peut pas se contenter d'une base aussi mobile que l'héroisme , aussi éventuelle que le dévouement. Il lui faut une base immuable et inébranlable, et cette base ne peut pas se trouver ailleurs que dans le droit et le devoir, ou dans la loi morale qui produit ce double phénomène, c'est-à-dire dans la limitation du droit de chaque individu par les droits de tous ses semblables.

Mais l'inconvénient que je viens de signaler, n'est pas le seul qui se rencontre dans la doctrine de Hobbes. En effet, il est évident que s'il fallait s'en rapporter à Hobbes , la Société serait volontaire , puisqu'elle serait l'effet d'une convention. Et c'est ici que se présente l'examen de ce second principe que l'état est fondé sur un contrat , autre hypothèse que Hobbes avance aussi gratuitement qu'il a fait de la première. Ce principe ayant été adopté par Rousseau, a été soumis de nos jours à plusieurs critiques dont il faut croire qu'il ne pourra plus se relever. Pour ne pas fatiguer le lecteur, je me contenterai de le renvoyer à la réfutation qui en a été faite par M. Comte , dans son traité de législation , et je ne citerai ici de cet ouvrage que les passages qui se rapportent plus directement à mon but.

« Les principes du droit politique de J. J. Rousseau,
» ou son contrat social, ces principes qui ont été consi
» dérés comme les oracles de la sagesse , sont-ils autre
» chose, dit M. Comte, qu'une suite de déductions tirées

» d'une supposition évidemment fausse ? Quel est le pays
» dans lequel des hommes se sont réunis , de propos déli-
» béré , pour former un peuple , et régler , par une con-
» vention , les conditions de leur association ? Comment
» ces hommes ont-ils été doués de tant de sagacité , de
» tant de prévoyance , que tous les peuples qui sont venus
» après eux , ont dû être gouvernés par ce contrat , et qu'ils
» ne sauraient y ajouter ni en retrancher un seul mot , sans
» cesser d'être ? Comment est-il arrivé que toutes les nations
» qui couvrent la terre aient procédé au moment de leur for-
» mation par une convention conçue dans les mêmes termes ?
» Quel est le moyen à l'aide duquel Rousseau est parvenu
» à connaître des procédés qui sont antérieurs à tous les mo-
» numens historiques ? Comment les peuples actuels et les
» peuples à venir peuvent-ils se trouver irrévocablement liés
» par un contrat qu'ils n'ont certainement pas fait, et dont rien
» ne leur révèle l'existence ? Comment enfin un contrat qui
» est antérieur à toute espèce de lois et de gouvernement ,
» a-t-il pu être obligatoire ? Qu'est-ce qui a pu en faire la
» force , puisqu'il fait lui-même la force des lois et des
» autorités publiques ? »

« Ces questions seraient fondées , poursuit M. Comte,
» si le contrat social était un fait dont l'existence fut positi-
» vement affirmée ; mais comme ce n'est qu'une supposition
» fausse, destinée à servir de base à un système , il est clair
» que toute question relative à l'existence de ce pacte, est
» sans objet. Il ne peut plus être question que de savoir
» comment l'auteur a pu être conduit à voir, dans les con-
» séquences d'une fausse supposition , des principes du
» droit politique, et quelle a été et quelle peut être encore
» l'influence de ces prétendus principes. (1) »

____

(1) Traité de législation , Tome 1.er, Chapitre 6.

Il est vrai que Rousseau ne s'est pas dissimulé le côté faible de sa théorie, et qu'il n'a émis son idée du contrat social que comme une hypothèse qu'il était impossible de vérifier. Il est vrai aussi qu'il n'en devient que plus étonnant et plus merveilleux de le voir faire un livre sur une supposition, et se lancer hardiment dans une carrière dont le point de départ n'est rien moins que fixé. Mais ces contradictions étaient dans la nature de son esprit, et la position où il s'est placé, explique et justifie suffisamment la méthode que M. Comte a été obligé de suivre pour le combattre. Il n'en est pas ainsi de Hobbes. Celui-ci n'a pas eu autant de réserve dans l'émission de son principe, et il y a gagné d'être plus conséquent. La société n'a pas d'autre fondement, selon lui, que la crainte que les hommes s'inspirent mutuellement. Cette crainte vient de ce que chaque homme en particulier a un droit absolu et illimité sur toutes choses, droit qui ne peut s'exercer, comme nous l'avons vu, que par une lutte de tous les jours, et qui entraîne une guerre universelle et perpétuelle de chacun contre tous. Or, pour sortir de l'état de guerre, il n'y a pas d'autre moyen qu'une convention qui stipule la renonciation de chaque individu à son droit illimité.

Mais en partant de cette hypothèse que l'état est fondé sur un contrat, on se fait une bien fausse idée du genre humain. Comment une convention serait-elle possible entre des hommes qui vivent à plusieurs siècles de distance les uns des autres ? Il ne peut y avoir de convention valable sans consentement, et à quoi voulez-vous que je consente avant d'être né ? Encore une fois, il ne faut pas voir le genre humain dans une seule génération, ni dans un seul peuple. Si l'on veut s'en faire une juste idée, il faut le contempler dans la série perpétuelle des personnes individuelles qui le

composent. Nul n'a le droit d'obliger pour lui ses des-
cendans, et si la maxime de Hobbes était vraie, il faudrait à chaque génération refaire le pacte social. Or, en
supposant d'ailleurs que cela fût possible, comment traite-
rait-on ceux qui refuseraient de se soumettre à cette convention ?

Mais que dis-je ? La convention est d'autant plus illu-
soire qu'après le contrat et la stipulation exigés par Hobbes,
chaque individu se trouverait au même point qu'aupara-
ravant. C'est encore à l'arithmétique à nous fournir la preuve
de cette vérité. Si nous sommes cinq individus ayant chacun
droit à une somme de vingt mille francs, et que nous
nous entrecédions mutuellement les quatre cinquièmes de
notre droit, nous n'aurons ni gagné ni perdu à cette cession. Car si je renonce aux quatre cinquièmes de mon droit,
je perds seize mille francs, mais comme je reçois un cin-
quième de chacun de mes quatre associés, je retrouve dans
cette cession les seize mille francs que j'avais perdus, et
j'ai toujours vingt mille francs. Ainsi la véritable erreur,
le vice radical et fondamental du système de Hobbes, c'est
encore une fois l'illimitation du droit naturel individuel ;
c'est l'empire absolu qu'il donne à tous et à chacun ; c'est
la confusion de l'idéal et du réel, de l'éternel et du contingent, de l'absolu et du relatif, de la totalité et de l'individualité ; c'est la substitution de ce qui est à *priori* à
ce qui n'est qu'à *posteriori*, ou de ce qui convient à la
personnalité considérée en elle-même et d'une manière absolue, à ce qui convient à la personnalité finie et passagère
qui se manifeste dans chaque individu de l'espèce humaine.

En accordant de prime-abord une liberté absolue à chaque
individu de l'espèce humaine, Hobbes se met dans l'im-
possibilité de construire la société, ou, pour mieux dire,

de reconnaître l'ordre et l'harmonie qui s'y rencontrent naturellement. Il se voit donc réduit à démolir son édifice, et à renverser d'une main ce qu'il a élevé de l'autre. Après avoir accordé à chaque individu un droit illimité sur toutes choses, il lui impose l'obligation de renoncer à la plus grande partie de son droit. Mais à quoi bon, je vous prie, un pareil détour? N'est-il pas plus simple de reconnaître de prime-abord que le droit individuel n'est pas illimité, et que si l'absence des garanties sociales implique l'idée de la méfiance et de la crainte, que la société au reste ne nous ôte pas tout-à-fait, elle n'entraîne pourtant pas nécessairement et comme une conséquence inévitable, une guerre universelle et perpétuelle, un état d'extermination générale et particulière? Que signifie cette loi naturelle qui nous arrive par ricochet, et qui est passablement contradictoire avec ce que Hobbes nous disait d'abord que chacun de nous a naturellement le droit de se servir de toutes choses, droit qu'il fait dériver de celui que nous avons à notre conservation? Mais si j'ai besoin de tout, pour me conserver, comment voulez-vous que je renonce à une partie? Et, en supposant que je pusse le faire, sans nuire à ma conservation, qu'est-ce qui peut m'obliger à cette renonciation? Le besoin de la paix, me direz-vous; mais si la paix que vous me proposez me paraît ignominieuse, puisque je ne puis l'obtenir que par le sacrifice de mon droit; si je préfère m'exposer aux chances de la guerre plutôt que de me soumettre à ce que je regarde comme un déshonneur; si j'aime mieux lutter avec tous mes semblables que de renoncer à un droit que je tiens de la nature même, encore une fois, qui peut m'y obliger? Hobbes prétend, il est vrai, que la loi naturelle, telle qu'il la conçoit, n'est point obligatoire par elle-même; qu'en tant qu'elle procède de la raison, elle n'est pas même une loi ; qu'elle n'est tout au plus qu'un simple conseil, une mesure dictée à l'homme par la prudence et l'intérêt de sa conservation ; qu'elle ne devient une loi que parce qu'elle se trouve formellement énoncée dans l'écriture sainte ; et après avoir prouvé que la loi naturelle se confond avec la loi morale, il prouve, en dernier lieu, que c'est encore la loi divine. Cette dernière opinion se trouve établie dans le 3.ᵉ Chapitre de son ouvrage. Elle y est confirmée par de nombreuses citations empruntées à l'ancien et au nouveau Testament.

J'ose dire que Hobbes a complètement méconnu le caractère de l'obligation, et qu'il n'a eu que de fausses idées sur l'origine de la loi morale, sur la nature du droit et du devoir qui en résultent. Les erreurs qui lui échappent en foule, à ce sujet, tiennent à un vice plus général, qui n'est autre chose que l'ignorance même de la nature de l'homme et de la raison. Tout ce qu'on peut dire en l'honneur de Hobbes, c'est qu'il a fort bien senti qu'une théorie du droit naturel devait reposer sur une connaissance préalable de la nature humaine. Aussi dès le commencement de son ouvrage, il a énuméré les facultés de l'homme, et présenté à ses lecteurs le système psychologique qu'il prenait pour point de départ. Si ce procédé suffit pour écarter l'idée de la mauvaise foi, on ne saurait du moins y voir une garantie assez solide contre l'erreur. Il n'a pour nous d'autre avantage que de nous montrer la véritable source des aberrations où s'est laissé aller le philosophe anglais. *Les facultés humaines*, nous dit-il à son début, *peuvent se ramener à quatre espèces : la force corporelle, l'expérience, la raison et les passions.* Plus loin, il nous dit que les hommes sont égaux, par la raison très-péremptoire qu'ils peuvent se tuer les uns les autres. Mais si un homme peut en tuer

un autre , un lion peut tuer un homme ; un arbre qui s'abat,
une maison qui croule peuvent aussi tuer un homme. En
concluerons nous que les hommes , les lions , les arbres et
les maisons qui tombent de vétusté sont des êtres égaux ,
parce qu'ils ont la même puissance malfaisante ? La métaphysique de Hobbes, suffit et au de-là pour expliquer la morale
qu'il en a déduite. C'est la morale de la force, c'est le droit
de la violence , c'est le pouvoir de la contrainte, dans toute
leur étendue. Sa politique est celle du despotisme , et son
livre est le manuel des tyrans

Une philosophie plus sage et plus profonde nous apprend
que nos facultés primitives sont au nombre de trois : l'activité , la sensibilité et l'intelligence. Que si nous étudions le
caractère particulier de chacune d'elles , nous voyons bien
clairement que la nécessité ou la fatalité est le caractère spécial
de la sensibilité et de l'intelligence , tandis que la liberté
est le caractère de l'activité Or l'activité est la faculté fondamentale de l'homme. L'homme avant tout est une force ;
et comme c'est cette force qui est libre , il s'ensuit que
l'homme est un être moral , dans son essence. L'activité
est le pivot de la conscience ; l'intelligence n'en est
que le flambeau ; la sensibilité n'en est que le théâtre.
L'homme , dit M. Cousin , est une force libre, agrandie
et limitée par la sensibilité et par l'intelligence.

La sensibilité nous met en rapport avec la nature maté-
rielle , avec le bien physique ; l'intelligence nous met en
rapport avec la naturelle invisible , avec le bien moral. La
liberté nous donne l'empire de nous-mêmes , et nous permet de résister ou de céder , à notre gré , aux suggestions
de la nature , aux oracles de la raison. C'est par la liberté
que nous devenons des êtres moraux et que nous sommes
suceptibles de mérite et de démérite. La raison qui parle

à notre intelligence , n'est pas cette raison de Hobbes qui donne des conseils, qui dicte des mesures de prudence, c'est une raison impérieuse qui commande le bien et qui défend le mal. Elle nous montre l'ordre , elle nous fait un devoir de nous y conformer. Elle est la souveraine de l'homme et sa suprême législatrice.

Si Hobbes a complètement ignoré la nature de l'homme et de la raison , il a également méconnu le caractère du droit et de la loi ; et quoique dans la 2.ᵉ partie de son ouvrage , il ait cherché à distinguer ces deux idées , il ne s'en est pas acquitté assez heureusement, pour que nous puissions nous en tenir à sa doctrine. *Est autem jus* , dit il , *libertas naturalis à legibus non constituta sed relicta.* Quoiqu'en dise le philosophe anglais , le droit est fondé par la loi. C'est la loi qui est l'origine du droit. Et pour ce qui est de la distinction que Hobbes a voulu établir entre ces deux idées , je sais bien , et tout le monde sait comme moi , qu'il ne faut pas confondre le droit avec la loi ; mais il ne faut pas confondre non plus , ou pour mieux dire , il ne faut pas intervertir , comme le fait Hobbes , le rang que ces deux idées occupent dans l'intelligence, ou l'ordre logique qui les unit. Quiconque réfléchira sérieusement sur ces deux idées , se convaincra facilement que celle de la loi est, logiquement parlant , antérieure à celle du droit. Tout droit suppose une loi , et ne peut avoir son origine que dans une loi. Ainsi Hobbes a procédé d'une manière irrégulière en cherchant d'abord le droit et puis la loi. C'était la loi qu'il fallait chercher d'abord. En suivant cette dernière méthode, il aurait vu, comme nous,que la loi en général n'est autre chose qu'une limite , et que la loi morale , en particulier , n'est et ne peut être qu'une limitation de l'activité libre , limitation qui résulte , comme je l'ai dit , de la pluralité des êtres personnels. Et comme toute limite suppose une étendue d'abord , et ensuite une borne mise à cette étendue , une dimension et un terme assigné à cette dimension , comme elle implique en même-tems l'idée d'une concession et celle d'une prohibition , il aurait vu que la loi morale produit un double effet qui est le droit et le devoir. Alors il ne se serait pas arrêté au droit , et n'en aurait pas si étrangement méconnu la nature; il aurait trouvé en même tems le devoir ou l'obligation. Il aurait vu que si l'homme a des droits naturels , il a aussi des devoirs naturels ; que si sa conserva-tion est de droit par lui , elle est par cela même de devoir pour les autres , et que si la conservation de ses semblables est de droit pour eux , elle est au même titre de devoir pour lui; en sorte que droit et le devoir sont réciproques entre nous, et qu'il n'y a ni droit ni devoir sans devoir et sans droit correspondant : que si la liberté humaine fonde le domaine personnel sur les choses extérieures, elle le fonde au profit de tous les hommes, autrement dit de toutes les personnes ; et que si le droit individuel est primitivement et originaire-ment indéterminé, ce n'est que par une déplorable confusion d'idées qu'on a pu y voir une faculté absolue et illimitée.

Il suffit de lire attentivement le premier chapitre du livre intitulé : *de Cive*, pour se convaincre que toute la théorie poli-tique de Hobbes repose sur une éclatante contradiction. D'où vient le droit naturel de chaque individu sur toutes choses ? Du droit qu'a l'individu de se conserver. Chacun de nous a droit à sa conservation, et c'est de ce principe incontes-table que, par un raisonnement dont j'ai déjà fait la critique, Hobbes conlut que chaque individu a , dans l'état de nature, le droit de s'emparer de tous les biens de la terre. Voilà donc l'individu investi de tous les droits imaginables, et soustrait à l'influence de tous les devoirs. Or, ce droit illimité de chaque individu provoque, suivant Hobbes, une guerre universelle et perpétuelle de chacun contre tous; son exercice est incompatible avec le bien-être, et même, suivant Hobbes, avec l'existence du genre humain ; en sorte que ce qui était jugé nécessaire pour assurer la conservation de l'individu, est précisément ce qui compromet la conservation de l'espèce et de l'individu par conséquent. C'est pour se conserver que chaque individu a droit à toutes choses, et l'existence de ce droit provoque la guerre qui fait périr l'individu. Singulière alternative que celle où Hobbes a placé le genre humain ! car enfin, il est évident que si ses principes étaient vrais, nous ne pourrions échapper à notre destruction. L'individu périrait avec l'espèce, en conservant son droit comme en y renonçant; car s'il y renonce, il renonce à sa conservation, et s'il le conserve, il s'expose aux chances d'une guerre qui n'est pas moins contraire à sa conservation. Ainsi, quoiqu'il fasse, il périra.

Hobbes n'échappe à cette alternative que par une inconséquence. Il voit bien qu'il est impossible de laisser le genre humain dans un état normal de guerre et d'extermination. La nécessité de conserver le genre humain, lui fait sentir le besoin de la paix; c'est ce besoin qui le ramène, comme malgré lui, de la région fantastique où il s'était d'abord égaré. Dès qu'il a senti le besoin de la paix, et qu'il en a établi la nécessité, il faut bien qu'il en donne la condition nécessaire, la condition *sine quâ non*. Cette condition, il la trouve dans l'abandon de son premier principe; il ne pouvait pas la trouver ailleurs. Sans tenir compte du motif qui lui a fait accorder à chaque individu un empire absolu sur toutes choses, à peine lui a-t-il accordé ce droit qu'il le lui retire. Après avoir donné à chacun de nous un droit illimité sur toutes choses, il nous impose, pour première condition de

la paix sociale, une renonciation volontaire à ce droit naturel. Tel est le moyen ingénieux, si l'on veut, mais dans
le fait assez bizarre, par lequel il rentre dans la voie de la
modération et de l'équité naturelles. En dépit de ses premiers
écarts, il arrive à une limite, c'est-à-dire à une loi, et son
génie supérieur à son raisonnement, et son cœur sans
doute plus juste que son esprit, lui découvrent les véritables
fondemens du droit naturel. Il les résume sous vingt chefs,
qui tous, à l'exception d'un seul (celui qui consacre le droit
d'aînesse), sont des vérités incontestables, et qui peuvent
très-bien se réduire à un principe unique, à celui de l'équité
ou de l'égalité naturelle, à la réciprocité du droit et du devoir entre tous les hommes.

Et cependant, pour que la contradiction ne soit pas trop
saillante, que fait Hobbes? Il refuse à la loi naturelle le
caractère de l'obligation, et par cela même il mutile la loi
morale. Le droit est bien réel et bien constant, selon lui;
il n'en est pas de même du devoir; l'individu a bien le droit
naturel de pourvoir à sa conservation; mais il n'a pas naturellement et primitivement, il n'a pas nécessairement le devoir de respecter les droits de ses semblables. Le devoir
n'apparaît que postérieurement et après coup; la loi naturelle
n'est pour Hobbes qu'un moyen d'obvier aux inconvéniens
que présentent l'existence et l'exercice du droit naturel; et
encore faut-il remarquer que cette loi naturelle n'est pas
obligatoire par elle-même, qu'elle ne le devient que par la
sanction religieuse ou la révélation, et qu'elle exige tout au
moins le consentement de l'individu. Ainsi, dans le système
de Hobbes, il n'y a que le droit qui soit nécessaire et absolu;
le devoir est éventuel et volontaire, puisqu'il est conventionnel. Voilà comment ce célèbre penseur, ce logicien si
justement vanté, échappe à la contradiction qui résulte de

son premier principe sur le droit naturel de l'individu, et comment il se trouve conduit à maintenir, malgré tous les inconvéniens qui en résultent, l'illimitation de ce même droit. Mais aussi que de graves embarras résultent de l'erreur qu'il a commise à son début ! Pour concilier le besoin de la paix avec le droit illimité de chaque individu, il ne trouve pas d'autre asile que la malheureuse division de la conscience en *for intérieur* et *for extérieur*. La loi naturelle oblige bien intérieurement, dit-il, mais elle n'oblige pas extérieurement. Nous ne sommes naturellement obligés qu'à l'intention de pratiquer la loi, lorsque tout le monde la pratiquera. D'où l'on pourrait très-bien conclure que nous ne sommes jamais obligés à la pratiquer ; car puisqu'il arrive tous les jours que quelqu'un viole la loi naturelle, il s'ensuit que, n'étant jamais vrai que tout le monde la pratique, nul n'est obligé de la pratiquer. Tel est aussi le reproche parfaitement fondé que M. Comte n'a pas manqué d'adresser à Rousseau qui s'est montré, sur plusieurs points, le trop fidèle disciple du philosophe anglais.

« Un homme adroit et audacieux, dit M. Comte, un
» Cromwell ou un César ne reconnaît pas le contrat social,
» ou il le viole ; il s'empare de la puissance suprême, et asservit
» ses concitoyens. Quel est, suivant Rousseau, la première
» conséquence de cette usurpation ou de cette violation du
» pacte social ? C'est que chacun rentre dans ses premiers
» droits, et reprend sa liberté naturelle ; l'usurpateur rentre
» dans les siens, comme tous les autres. Mais quels sont
» ces premiers droits dans lesquels rentre chaque individu ?
» C'est un droit illimité à tout ce qui lui est nécessaire, à
» tout ce qui le tente et qu'il peut atteindre. Pour que l'u-
» surpateur, rentré dans l'état de nature, ait un droit illi-
» mité sur les biens des hommes qu'il a asservis, quelles

» sont les conditions nécessaires ? Il y en a deux : la première,
» que ces biens le tentent ; la seconde, qu'il puisse les
» atteindre. Les mêmes conditions lui donnent un droit
» illimité sur la vie des citoyens, et même sur l'honneur
» de leurs femmes ; il suffit qu'il éprouve des désirs et qu'il
» ait la puissance de les satisfaire.

« *Si le contrat social n'est point admis, ou s'il est violé,*
» *je ne reconnais*, dit Rousseau, *pour être à autrui que ce*
» *qui m'est inutile ; je ne dois rien à qui je n'ai rien promis.*
» C'est précisément ce que dit un despote à ses sujets, un
» maître à ses esclaves ; et si ce langage est juste dans la
» bouche de l'homme de la nature, s'il est conforme à son
» droit illimité, il serait difficile de voir pourquoi il serait
» injuste ou contraire au droit dans la bouche d'un tyran
» ou d'un maître d'esclaves : il n'existe pas plus de contrats
» entre les uns qu'entre les autres.

« Le système de Rousseau, sur les droits illimités dont
» jouissent les hommes avant la formation et après la disso-
» lution du pacte social, a cela de commode pour les ty-
» rans, qu'il justifie par un premier attentat tous les attentats
» qui peuvent suivre. Lorsque le premier magistrat d'une
» nation s'est environné d'une force suffisante pour vaincre
» la résistance que pourraient lui opposer les citoyens, il
» n'y a plus de crime possible pour lui ; tout ce qu'il peut
» faire impunément, il le peut faire légitimement ; la pre-
» mière atteinte qu'il porte au pacte social, lui donne à tout
» un droit illimité.

« Il suit de là que ce prétendu pacte n'est bon à rien :
» aussi long-tems qu'aucun individu n'a la force d'en oppri-
» mer un autre, il est inutile ; il périt aussitôt que la force
» le surmonte, et alors le plus fort à droit à tout.

« Les conséquences de la violation du *contrat social* sont

» si terribles, dit encore M. Comte, qu'il importe de se faire
» une idée claire du fait qui les produit. On pourrait être
» porté à penser que le Gouvernement qui ne remplit pas
» ses devoirs, ou qui se rend coupable d'oppression, viole
» le contrat social. Mais ce contrat est antérieur à l'acte par
» lequel le Gouvernement est institué ; les membres du
» Gouvernement ne peuvent donc pas être au nombre des
» parties contractantes ; ce n'est absolument, dit Rousseau,
» qu'une commission, un emploi, dans lequel, simples
» officiers du souverain, ils exercent en son nom le pouvoir
» dont il les a faits dépositaires, et qu'il peut limiter, mo-
» difier et reprendre quand il lui plaît. Ce ne sont donc pas,
» à proprement parler, les attentats des Gouvernemens qui
» violent le pacte social.

« Ce pacte ne peut être violé que de deux manières : si un
» ou plusieurs individus ne remplissent pas les engagemens
» qu'ils ont contractés envers le corps ; si le corps ne rem-
» plit pas les engagemens qu'il a contractés envers les indi-
» vidus. Les particuliers violent leurs engagemens, s'ils
» peuvent se soustraire impunément à l'exécution d'une loi
» quelconque ; le corps politique viole les siens, s'il n'a pas
» le moyen ou la puissance d'obliger chaque individu à se
» soumettre à la suprême direction de la volonté générale ;
» s'il ne peut pas empêcher un membre du Gouvernement,
» par exemple, de s'approprier une partie de la fortune
» publique, ou d'opprimer un citoyen.

« Lorsqu'un de ces événemens arrive, le contrat social
» est donc violé ; chacun rentre dans l'état de nature, et a
» droit à tout ce qu'il peut atteindre. Si un ministre, par
» exemple, met impunément la main dans le trésor public,
» il n'est pas un commis de banquier qui ne puisse aussitôt
» mettre la main dans la caisse dont la garde lui est confiée.

» Si un prince, pour agrandir ses domaines, usurpe impu-
» nément la moitié du champ de son voisin, l'autre moitié
» peut aussitôt être saisie par le premier individu qui se pré-
» sente. Si un agent de la force publique maltraite impuné-
» ment un citoyen, il n'est pas de mari qui ne puisse à l'ins-
» tant maltraiter sa femme et ses enfans, et même les priver
» légitimement de tout moyen de subsistance. Si un homme
» puissant peut faire dissoudre arbitrairement les liens qui
» l'unissent à sa femme, il n'est point de femmes qui ne
» soient aussitôt dégagées de la fidélité qu'elles devaient à
» leurs maris ; il suffit, en un mot, que le contrat social re-
» çoive une violation, pour que toute espèce d'ordre soit
» renversée, qu'il n'existe plus ni obligations ni devoirs
» moraux : chacun reprend sa liberté naturelle, et a droit à
» tout ce qu'il peut atteindre.

« En morale et en législation, poursuit M. Comte, un
» des effets les plus infaillibles des faux systèmes est de
» conduire ceux qui les adoptent et qui veulent être consé-
» quens à se livrer, en sûreté de conscience, au vice, au
» crime ou à la tyrannie : quand on part d'un faux principe,
» c'est par devoir qu'on devient oppresseur. Si l'on arrive
» à quelque vérité utile, c'est parce qu'on cesse de bien
» raisonner ; on tombe dans des inconséquences, dans des
» contradictions ; on devient infidèle à son propre système.
» Il est impossible qu'il en soit autrement, puisqu'on ne
» peut tirer d'une proposition que ce qu'elle renferme, et
» que la vérité ne saurait sortir de l'erreur (1). »

Je me suis un peu étendu sur cet examen critique de la
doctrine de Hobbes, relativement au droit naturel de l'individu. Mais si on peut me reprocher d'y avoir mis quelque

____

(1) Traité de législation, Tome 1.er, Chapitre 6.

complaisance , j'aurai du moins le mérite de n'avoir pas cherché à dissimuler mon acharnement contre des principes qui me paraissent très-funestes. Il me semble d'ailleurs que, poésie à part, et lorsqu'il s'agit de matières philosophiques, il vaut mieux courir le risque d'ennuyer que de ne pas se faire entendre. Enfin, comment pourrait-on se permettre de juger trop légèrement des opinions émises par un philosophe tel que Hobbes, adoptées, comme on peut s'en convaincre, par des publicistes aussi renommés que les Grotius et les Puffendorf, et qui se reproduisent jusque dans Rousseau ? Il est vrai que l'exemple donné par Burlamaqui semble me condamner. J'aime mieux croire que cet auteur s'est condamné lui-même par une concision intempestive, et qu'il a justement encouru le reproche que je lui ai fait, de n'avoir pas exprimé nettement la différence qui existe entre sa doctrine et celle de ses devanciers. Aurai-je la hardiesse de dire que s'il ne l'a pas nettement exprimée, c'est qu'il ne l'a pas assez bien sentie, et qu'il n'en a pas compris toute l'importance ? Telle est au moins la conclusion qu'on serait tenté de tirer des contradictions qui lui sont échappées dans plusieurs passages de ses *Elémens du Droit naturel*, contradictions qu'il sera toujours impossible de faire disparaître du domaine de la science, tant qu'on n'aura pas adopté les principes que j'ai cherché à développer dans cet opuscule.

Evreux, Imprimerie d'Ancelle fils. — 1835.